為什麼只有我要正直善良？

致 為了當好人而心累的你

金承煥——著
楊琬茹——譯

前言

「情況就是這樣，你就稍微體諒一下」這句話

小學時，就算媽媽買了新鞋子給我，我也不會穿到學校去，因為好朋友每天都穿著一樣的衣服、搭配一樣的鞋子，所以我不想要只有我自己穿新鞋子去上學。雖然不知道當時的我為什麼會有那種想法，但大概是因為對朋友感到愧疚吧，儘管那顯然不是什麼需要感到愧疚的事情。

高中時，曾經在某次和父母用完餐後發現加點的白飯沒有算到錢，又多花了超過二十分鐘的路程折回去結帳，爸爸直到現在都還會不時把這件事拿出來誇耀兒子一番，然後又會邊擔心我邊說：「這麼善良是要怎麼在這個險惡的世界生存下去啊？」

「學長不說話的時候看起來最帥氣了。」聽了學弟妹這句話之後，除非有非說不可的事情，不然我都是閉著嘴巴不說話的。「你是『沉思者』嗎？幹嘛一直愁

眉苦臉的啊？多笑點。」聽了朋友這句話後，我每天都笑嘻嘻的。結果，「我說你啊，人家在認真說話的時候你就應該要認真聽才對啊，感覺你總是一副在開玩笑的樣子。」反而又受到了這樣的斥責。

我覺得人生好難，到底要配合誰的說法才是對的？真正的我是個怎樣的人？我的想法與情感又是如何？

回顧孩提時期，大人的存在對我而言就像是從各個面向都無法翻越的牆壁一樣，父母、師長一直到社區的老人家們都是我要小心對待的對象，面對他們的喝斥與責難，我都必須低下脹紅的臉默默傾聽才行。

結果，我開始弄不清自己真正的心思，也對表達情緒感到不自在，隨著時間流逝，當我察覺自己的情緒時我已經失去了表達的勇氣，只能將無法表現出來的情緒隱藏起來，轉而扮演其他情緒來取代，就如同戴著面具一般。我以為我會過得很好，我真的很認真在過生活，但我沒有，我的內心變得越來越糾結。

「雖然個性上比較適合文科，但還是方便找工作的理科比較好。」因為這句話我在高三時轉換了類組，大學想當然也是聽了身邊人說方便找工作而進了電子工程學系，就像許多人一樣，我的人生是按照父母的意思和社會氛圍在走的。

不過，在進入大學一年級上學期之後，我就開始脫下面具了，更準確來說，是可以脫下面具了。原因是，我父母看不懂以ＡＢＣ呈現的成績單。從那之後我才開始按照我想做的去做，我在大學認識了自由，那個在國小三年級時連開口要求更換買錯的美勞用品都說不出口，導致還要再多買一份的我，成了在大學校慶舞臺上主持的名人。我對說話這件事產生了興趣，開始夢想成為一名主播，儘管我後來在經歷了十八次落選之後進入了電子相關的大企業，但還是只待了六個月就遞出辭呈，在那之後的六年，我寫了六次辭呈，換了六次工作之後，在第七份工作成為了一名講師，如同旅行般開心地在全國兜兜轉轉，一邊講課的同時也得到了許多關愛與關心。

我覺得能從事自己喜歡而且能做得好的工作真的是一件很幸福的事，我很感謝無數位聽講學員的掌聲與回應，授課後寄來的感謝訊息與信件更是令我感到無比幸福，偶爾透過回覆那些訊息或信件中的煩惱，也會讓我的自信心朝著天空向上飛揚。

我和許多人相處後領悟到的是，很多人都懷抱著不可言喻的傷痕與痛楚活著，以及，他們身邊沒有能夠傾聽那些煩惱的人。如果和父母關係好的話，就會因為害怕他們擔心而說不出口，關係不好的話則是不願多說，跟朋友說又感覺太赤裸裸了，如果是要好的朋友，又會覺得把說過的話再說一次有點抱歉，所以只能將自身的傷痕和痛楚覆蓋起來過活。

發生衝突的話就會有人受傷。在家庭與社交生活中產生的意見衝突、個性上的衝突、在能力的競爭過程中發生的衝突等等，我們總因為這些而無止盡地受到傷害，然後理所當然的，當我們因為那些傷害而感到痛苦時，我們都會希望能夠被安慰、被療癒。我後來才了解，酒精會讓人變得困頓疲乏，玩樂則是徒留空虛感，人們給予的安慰和感動所帶來的效能卻是比起任何其他東西都還要來得巨大的，我就是因為想將那種療癒人心的能量傳遞給更多人才會提起筆的。

Chapter1是「了解自己的過程」，闡述了在好人的面具底下遺失自身想法與情緒的自然流動，進而衍生出的家庭關係、人際關係的難處，以及如何客觀觀察那些情況的方法。

Chapter2是「撫慰自己的過程」，了解自己的人生不是誰誰誰的東西，而是「我」自己的，藉此恢復自信，同時也闡述了如何正視與表現自身想法及情緒的方法。

Chapter3是「讓自己成長的過程」，傳遞了如何分析自己的情緒、如何控制自己的內心，描述了學習身處關係中痛苦情境時的改善方案、建立自信的過程。

Chapter4是「讓自己與他人的關係向上成長的過程」，闡述了當你了解自己、療癒自己、自我成長之後，藉由過去那段痛苦關係之中的各種事例與解決方法，促使自己更往上一層樓成長的過程。

這本書中所記載的故事是從和我一起上過課或進行過諮商的人們口中聽來並改編而成的，名字全部都是假名，假使出現了和自己一樣的名字，也希望你能把這當成是某種緣分。

無數位聽講者的故事之於我，是療癒及打氣的訊息、是教科書、亦是人生的指南，我就是因為想把接收到療癒和打氣的力量分享給讀者們才會提筆寫下這本書的。就如同樂譜總會有休止符一般，人生也總會遇上逗號，希望這本書能夠成為各位人生中的一個逗點。

真心感謝在我執筆寫下這本書時，全國各地熱情又純真的聽講者們提供了許多幫助，以及我親愛的妻子才英、兒子基柱、女兒雅英總是站在最客觀的立場指點我的文章。

金承煥

二〇二〇年一月於京畿道一山

目錄

Chapter 1

為什麼每次都只有我要體諒？

——找回遺失想法和情緒的「真正自我」

Chapter
2

人生是自己的，從自己開始關照起吧

——替埋藏在想法和情緒堆裡的「自己」加油打氣

Chapter 4

真心希望和你一起好好生活

——一起幸福的溝通技術

Chapter

1

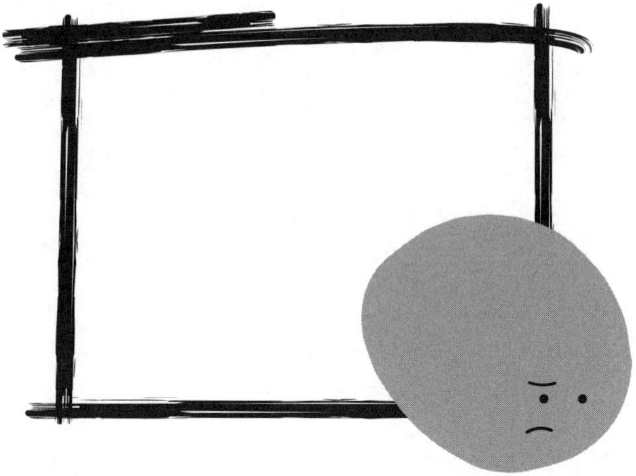

為什麼每次都只有我要體諒？

找回遺失想法和情緒的「真正自我」

在名為「好人」的面具底下是無盡的孤獨

為什麼我會成為「好人」呢？

- 對於「想吃什麼？」的問句總是回答「什麼都可以」。
- 因為無法拒絕別人而加保了好幾張保單。
- 明明不覺得好笑，但因為身邊的人笑了所以就跟著笑了。
- 借錢給別人之後因為怕打壞關係而不敢要求對方還錢。
- 就算生氣了也沒辦法用言語表達，反而會故意表現得很彆扭好讓別人自己察覺。

有沒有「嗯？這不就是在說我嗎？」的感覺呢？有些人雖然總是聽到別人說他好，但真正的本人卻是空虛又孤獨的，這些人常常有種「雖然沒有特別討厭我的人，但也沒有特別喜歡我的人」的感覺，同時又抱持著「比起『我自己』，應該要先替『你』著想」的偏執觀念，執著於所謂「好人」、「脾氣好」這類評價，去了KTV的話，也只是翻翻目錄勉強唱了一首歌，還會在心底默默抱怨贈送了歡唱時間的店家。因為總是配合別人在過活，所以音樂曲風、電影演員、導演之類的，都沒有喜歡的特定類型或對象。像這樣，總是戴著「好人」的面具生活，你也是如此嗎？

我是在大學的課堂上認識仁國的，他從國小六年級開始就和中風的奶奶一起生活，仁國奶奶的左臂和右腿沒辦法移動，也不太能講話，所以仁國上完課就得馬上回家照顧奶奶，奶奶要上廁所時就幫她使用折疊式便盆椅，清理排泄物與後續的處理也是仁國的分內工作。因為他的父母是雙薪夫婦的關係，「畢竟是家人」、「家裡只剩我了，這也沒辦法」仁國原本一直抱持著這樣的想法，但是本來認為理所當然的角色，進入青春期後卻覺得沒那麼理所當然了，朋友們上完課不是去玩就是去補習，自己卻要照顧奶奶，他開始變得心浮氣躁又不耐煩。

結果，仁國離家出走了，而奶奶就在仁國離開家的這段期間過世了，仁國見到奶奶最後一面的地方不是在家裡，而是葬禮。聽說葬禮結束後，回家的父母並沒有責罵仁國，他的父母反而說了：「這段時間要照顧奶奶真是辛苦你了，爸媽真的很感謝能生下你這麼乖的兒子，也很對不起你。」他們邊說邊擁抱了仁國，但仁國卻哭得稀里嘩啦的，仁國腦中一直浮現這種想法：「我明明就不是那種乖兒子啊……我都是抱持著想要趕快玩遊戲的心情隨便照顧一下而已……」仁國在最後一堂課是這麼說的：

為什麼我們和所愛的人在一起時總是不好好表現，卻要等到他們離開之後才來後悔呢？從那之後我就開始戴上虛假的面具了，基於沒能盡好孫子本分的愧疚感，還有對於父母稱讚這種不像樣的我的虧欠感，我變得無法拒絕別人的請託，我想要自己看起來是個「好人」，不對，我認為我必須要真的變好才行，但後悔的感覺卻一直殘留著，重點是這實在太令人疲憊了。不過上了這堂課之後，我才明白我至今以來為什麼會有那些舉動，老實說我之前甚至不知道我自己是戴著面具在過活的，但我現在曉得了，也下定決心要脫掉那副因愧疚感而生成的面具，我想要接受最原本的我自己。

那麼，戴著「好人」的面具在生活的人只有仁國嗎？

泫雅因為在小學六年級時做錯了某件事，導致她八年來都必須無條件以「好女兒」的身分生活著。某天，泫雅的朋友說有一夥小混混找她，但一個人去實在太可怕了，所以拜託泫雅陪她一起去。受到朋友的請託，泫雅很爽快地就答應要幫她，最後卻因為欺騙媽媽說要和朋友去看電影的謊話被揭穿了，所以沒能幫到朋友。

據說小混混找她朋友麻煩，對她說：「不准妳穿著漂亮衣服到處晃！」還把朋友的錢也搶走了，自從那之後朋友就不再接泫雅的電話，對她也都不理不睬的，泫雅也變得越來越厭惡媽媽，還因為這樣用另一組電話號碼傳了「去死」的文字訊息給媽媽。儘管換了號碼，媽媽還是得知那封文字訊息是泫雅傳的，媽媽當時流著眼淚，悲傷地哭個不停說：「還想說妳都沒讓我操什麼心，結果妳竟然有這種想法嗎？妳希望我消失嗎？」自從發生這件事之後，泫雅就帶著賠罪的心，認為自己應該要無條件當個好女兒、聽話的女兒才行，就算先和朋友約好了，也會因為媽媽的話而失約，就算在學校發生了什麼心累的事情，也會默默一個人埋在心底，所以一直生活到現在，她都還是會覺得自己就像是父母的傀儡。

社會新鮮人德煦有很多煩惱，「在公司裡，從來沒有一次對話是由我先起頭的。」他開口這麼說道。因為他太過小心翼翼了，所以從來沒有先開口過，也沒有和比自己年紀大的人聊天過，在決定午餐時也總是配合別人的喜好，吃炸雞時就算喜歡雞腿也只吃乾柴的雞胸肉。他說他一直都只會配合別人，從來沒有關照過他自己，他為了維持人際關係而出席了各式各樣的聚會，但每個聚會都會表現得像另一種個性的人，就算因為朋友開玩笑的話語受傷了，也會自己在心裡想說：「就只是開玩笑才那樣說的，他應該沒有惡意啦。」然後就這麼算了。

「不跟著自己的意見走，而是追著對方的意見跑，這樣的生活開心嗎？」我問道。

「當然不開心啊。」

「那到下個禮拜來上課之前，你能答應我完成一件事嗎？向主管推薦你自己想要吃的餐點，如何？」

「好的，我會挑戰看看的。」

人家都說天下沒有一蹴可幾的事情是嗎？德煦並沒有達成和我的約定，不過德煦在那之後開始會努力試著如實說出自己的意見，也漸漸展現出自己正在發生變化的模樣，當主管問說要吃什麼的時候，他的回答從「隨便吃什麼都好」變成了「米飯類的話什麼都可以」，某天主管問了「吃麵如何？」，他順口回了「我今天不太想吃麵」，邊說自己還邊嚇了一跳。德煦他是這麼說的：

雖然當我理直氣壯地說出自己的意見後，漸漸和那些和我意見相左的朋友們斷了聯繫，但我並沒有因為這樣而變得不開心，也不再因為人際關係而感到頭痛了，而且當我直接說出自己想說的話時，也可以和意見相通的朋友變得更親近。

戴著裝沒事的面具而反撲的事情

我們都在孩提時期受過傷，在家庭裡受的傷、因為朋友或周遭人們而受的傷，這些傷口讓我們戴上了面具。想要被肯定、想要成為最優秀的人、希望有很多很多朋友，有這些想法的我們假裝很開朗、假裝什麼都好、假裝什麼都會、裝熟裝親近，這些「假裝」的面具讓我們變得又累又孤獨，因為「假裝」所呈現出來的模樣並不是我們真正的自己。

有很多時候，我們會因為討厭表現出自己真正的模樣而戴上面具，但是，必須脫下面具的時刻總有一天會到來。

那麼，我們主要會在什麼時候戴上面具，又會在什麼時候脫下呢？很多時候都是在想要「呈現出好的一面給他看」的對象面前會戴上面具，在「不用表現好的一面也沒關係」的對象面前則會脫下，這也是我們會在社交活動時戴上面具、在家人面前拿下面具的原因。有些父親在對待他人時什麼都好，唯有在面對家人時很容易生氣，這是因為家人是可以讓他們把為了社交生活而戴上的面具脫下來的唯一對象，所以他們才會把火氣都發洩在家人身上。

情侶吵架時會說「我不知道你會這樣，你本來就是這種人嗎？」這意味著他們開始顯現脫下面具的真實面貌了。我們不可能一直脫下面具百分之百純粹地生活著，但是必須要懂得自己在何時、在誰面前應該戴上什麼樣的面具才行，同時也要肯定、療癒、擁抱不得不如此的自己，唯有這樣才能換上薄一點點的面具，脫下面具時也會變得更自然，才能讓真實的面貌展現出來。

我很喜歡白種元的《胡同餐館》[1]和李孝利的《Camping Club》[2]，喜歡白種元和李孝利的人肯定不只有我，這兩位備受喜愛的理由是什麼呢？我認為是因為「真實感」，像這樣不虛假又直率地展現原來的自己就是他們飽受喜愛的原因。李孝利面對相隔十四年又聚在一起的 FIN.K.L 團員時，自在大方地表現出自己年紀增長後的模樣，也讓團員漸漸敞開了心胸。白種元在節目中回訪了他曾經提供幫助的家常餐館，當時白種元曾說過這是他「帶著使命感去做的事情」，但這家餐館卻退回了原來的模樣，白種元也因此感到憤怒並流下了眼淚。

每個人都希望擁有不帶虛假的真心，還有不經修飾的直率、如實反應的自然。

吃飯了嗎？

家人對各位來說具有什麼樣的意義呢？我出版第一本書的時候並沒有向家人提過跟書有關的事情，不對，應該說沒辦法提，因為當時媽媽正準備開腦腫瘤手術。在經歷了十二個小時的大手術之後媽媽得了憂鬱症，就算是出院後也是一樣。在手術之前她先打了兩三次電話，內容總是一模一樣，「吃飯了嗎？」、「今天去哪裡講課啊？你可別開車啊。」

可是，自從手術之後我就沒有再接過媽媽打來的電話了，雖然很輕鬆，但另一方面心情也很沉重。真要說其實只要我先打就可以了，可是不久之後我又因為疲勞駕駛而在高速公路上發生了嚴重事故，肋骨碎裂刺傷了肺部，引起氣胸導致我無法呼吸，在接受緊急處置後，因為必須住院的關係我搭上了救護車前往醫院，路上來了一通電話，是「媽媽」，我沒接，不，應該說我沒辦法接。我的手上插著針頭，嘴巴和鼻子也被不知道什麼東西覆蓋著，最重要的是我不想要讓她知道我發生車禍的事情，但是電話又來了，無可奈何之下我只好摘下面罩，調整呼吸後裝作什麼事都沒發生的樣子接起了電話。

「承煥啊！你沒發生什麼事吧？我昨天做了好可怕的夢。」

1.《白種元的胡同餐館》為韓國ＳＢＳ的綜藝節目，節目主題是對韓國市內各個街道胡同的餐館進行心肺復甦，記錄為餐館改造菜單、重新裝修的過程。

2.《Camping Club》為韓國ＪＴＢＣ的綜藝節目，由女子團體 FIN.K.L 成員李孝利、玉珠鉉、李真、成宥利主持。慶祝 FIN.K.L 成立二十一週年，相隔了十四年後再次合體，成員們駕駛露營車於全國各地旅行。

我回說沒發生什麼事，而且我正在開會所以必須趕快掛電話才行。其實我當時是想說實話的，「媽媽我出車禍了，可能是出書後太認真在奔波了，大概是太累了吧，我在高速公路上開車時犯睏了，現在正在去醫院的路上。」但因為我從來沒有向父母喊過累，所以這些話我只有在心裡說。媽媽是怎麼知道的呢？那是一場得把車子報廢的嚴重車禍，沒有發生二次事故或人員傷亡已是不幸中的大幸，但儘管是在那樣的情境下，我還是一如往常地戴上了「好人」的面具。

社區裡的人都說我父母是「安分守己的人」，或許就是因為這樣，小時候社區裡的長輩只要看到我就會摸摸我的頭說：「哎呀，你就是那戶人家的兒子啊？長得很正直善良的樣子。」

我以為我必須活得正直善良才行，我抱持著「正直善良地生活才算是過好生活」這個信念很長一段時間，但這樣的信念卻讓我自身想法和情緒的自然流動逆行了，有很長一段時間我的想法和情緒都不是我自己的，而是我當下所面對的人的，跟隨別人的情緒生活讓我過得很辛苦。我關懷他人，卻是讓我深深陷入悲傷的「關懷」；我對他人好，卻是讓我陷入煩悶情緒的「好」。

我和自己做了個約定，「從現在開始，我要關注自身情緒和想法的自然流動！」、「守護自己吧！我必須要擁抱我自己！別忘了這是為了自己也是為了別人！」我就這樣一點一點地，開始愛上自身情緒與想法的流動。

要多麼張牙舞爪地對待彼此？

我當時只是需要關心

「我不會再見爸爸了，這樣比邊恨死他邊過活還好不是嗎？」

尚未擺脫稚氣的二十出頭青年尚旭說出了這句讓人倍感衝擊的話語，看起來像是平靜無波地度過了青少年時期且過著平凡生活的他，卻懷著對父親以及其他家人的憤怒。尚旭表面上看起來是非常積極活潑的性格，但卻出乎意料地連一個好朋友都沒有，既不能將心裡話坦誠相告，也不懂得如何與他人建立深厚聯繫，雖然心裡很辛苦，但卻裝作若無其事的樣子。尚旭很勉強地向我吐露了他的家庭故事。

尚旭的妹妹在小時候因為意外的關係而成了殘障人士，自從那之後父母就把全部的心力都放在照顧女兒這件事上，在尚旭有需要的時候，父母連一次都沒有守護在尚旭的身邊過，連小學的入學典禮都因為妹妹的關係，是尚旭自己一個人獨自參加的，尚旭為了想得到父母的關心而偷了朋友的錢，儘管當時是抱持著想要受到父母關注的心情而這麼做的，但尚旭得到的卻是「連你也要這麼讓人操心的話是要我怎麼辦才好！」的訓斥以及父親嚴厲的體罰。

父親的體罰並不是尚旭想要的「關愛」，尚旭因為太過埋怨和討厭獨占了父母的妹妹，在忍無可忍之下緊緊掐住了妹妹的脖子，最後被看到這一幕的父親打個半死。尚旭的心願是趕快賺錢然後離開父親，更準確來說，是想要擺脫這個令他感到厭煩的家庭。從未被家人好好接納過的尚旭，與世界也築起一道厚實的牆。

離開家人的話，就能夠從心靈的痛苦中解脫嗎？

我問尚旭：

「離開家人的話就能從父親那裡解脫嗎？」

「能！這是當然的啊。」

聽到這個充滿確信的答案讓我感到很心痛，古云「去者日以疏」，意味著眼不見，心境上也會逐漸疏離，尚旭的情況也能適用嗎？如果真的能如此的話那該有多好呢？

從家人那裡受到的傷害會在我們的靈魂深處留下疤痕，並不會因為沒看見就輕易消失，就算因為害怕、因為討厭而迴避，還是會執拗地留下影響，我們的生活、思考方式、人際關係等，所有的面向都會受到影響。我們的自尊感會因為傷痛而逐漸降低，而降低的自尊感又會讓我們無法走向世界，如此一來這種惡性循環就會持續下去。如果因為家人而受到傷害，請不要迴避，應該要面對它，即使痛苦也要正面迎擊才行。

特別像尚旭是位男性，父親的角色顯得更為重要，精神醫學家阿爾弗雷德・阿德勒在《阿德勒的理解人性》一書中提到，「在家庭生活中，父親這個角色的重要性並不亞於母親，儘管在人生初期，子女與父親的關係不比母親來得親密，但父親的影響力會在之後才顯現出其重要性」。

我認為對尚旭來說，比起離開父親身邊，更重要的是讓他的心從父親那裡獲得解脫，所以我建議尚旭和父親進行「溝通」，雖然尚旭一開始很激動，但在經過勸說之後還是答應了。

第一次的溝通是發送文字訊息，他傳送了「爸爸，祝您用餐愉快。兒子尚旭敬上。」，結果，沒有回覆。就這樣一週發送兩次短信，在經過一個月之後終於有了第一個回覆。「好。」就沒了。

尚旭對爸爸會回信感到非常新奇和高興。他進一步升級了訊息內容，發送了「爸爸，謝謝您這段時間來的養育之恩。」沒有回覆。尚旭對於父親毫無反應而感到沮喪，我鼓勵他，並勸說他要持續發送文字訊息。

在持續發送訊息的過程之中，尚旭的生日也快到了，尚旭說：「做為生日紀念，我想打工給父母零用錢。」，就算父親毫無反應還是持續發送訊息，而且還想要在自己生日時向父母表達感謝之意，看到這樣的尚旭我也積極地為他加油打氣。

終於，尚旭的生日到了，但是沒有半個家人記得尚旭的生日，尚旭感到心灰意冷，還說要把為了送給父母而準備的零用錢自己花掉。我勸他說：「就當作是為了一直以來努力準備的你自己，還是按照原本的計畫送給父母怎麼樣？」

尚旭向父親行了大禮，把零用錢連同信紙一起遞了出去，父親沒特別說什麼，默默地接過手後就往陽臺走了出去。尚旭因為還是想聽父親說些什麼，所以也跟著往陽臺走去，卻發現父親正把信封握在手裡哭泣著。尚旭是第一次看到父親的眼淚，他也因此一點一點慢慢地打開了原本對父親緊閉的心門。

如果家庭遭遇了意想不到的困難，家庭成員都會受到衝擊和傷害，當困難的程度越大、越深，成員各自受到的衝擊就越難以平復。連自己的心都很難自制了，更不可能有擁抱他人傷口的力量，因此演變成了「雖然想得到安慰，卻沒有人能給予安慰」這樣令人惋惜的狀況，結果家庭成員開始互相傷害，不再有關愛、體諒與鼓勵，反而開始用如同鋒利武器般的言語互相攻擊。

尚旭的家庭應該也是同樣的情況。女兒在某天突然變成了殘疾人士，父親無法在照顧女兒的同時又一邊環顧四周，將全心全意都投注在讓女兒健康過日子上，甚至連應該要回過頭來關照身在其中受傷的自己、伴侶和兒子這件事都沒辦法想。雖然父親和母親都很希望尚旭能夠體諒父母的立場，但對尚旭來說，這只是在單方面強迫他體諒而已，假如父母能先吐露內心的傷痛，先試著靠近尚旭受傷的心靈，那會如何呢？或許尚旭的家人就能找到團結彼此內心、一起幸福生活的方法也不一定。

尚旭說那之後他和父親單獨去吃五花肉配燒酒，那是他有生以來第一次這麼做，父親當時說他本人也是被爺爺打大的，所以下定決心絕對不會打自己的小孩，但他卻沒能做到，也對此感到很抱歉。尚旭對我說：「我之前真的很想收到父親的道歉，但聽了父親的話之後，卻讓我的心情變得更複雜了。」

現在，尚旭如他所希望的從父母身邊經濟獨立了，而且比任何人都還要努力地生活著，尚旭說：「本來以為獨立的話就會變幸福，但其實也沒什麼特別的，不過跟以前比起來，現在看到父親的臉時，心境上顯得更舒坦了，而且現在也不討厭妹妹了。」

人們總會認為「因為是家人，所以這是理所當然的」。像是「都會被諒解的吧」、「就算不說也會知道的吧」、「就算沒有取得原諒也沒關係吧」，因為是家人，因為立場相同，因為了解所有的狀況，所以認為他們當然能夠體諒，但是怎麼可以這樣呢？話要說出來才能被理解，把心掏出來才能舒展開來。

如果尚旭的父母一開始就能坦率地和尚旭交流心裡話、能夠撫慰尚旭的心靈，那該有多好呢？不過真的很幸好尚旭和他父親最終能慢慢地靠近彼此，想必父親在五花肉餐館肯定是鼓起了很大的勇氣才能說出口。我們真正需要鼓起勇氣的時機並不是搭乘令人戰慄的遊樂設施或是玩高空彈跳的時候，而是今天，今天就真摯地向家人坦露自己的心意，不要修飾，只要如實地說出口就行。

「不如自己一個人還更好」

秀智說她要和男朋友分手，因為男朋友做出了和她非常討厭的父親相似的舉動。秀智是看著喝醉酒的父親毆打母親的場景長大的，所以她下定決心「我絕對不要和像爸爸一樣的男人交往！」，沒想到卻在男朋友的身上看到了父親的影子。男朋友喝醉酒的話就會惹事生非，說隔壁桌的人在看他、鄙視他，喊著「有錢了不起啊！」，就不分青紅皂白地對別人表現出兇狠的樣子。

「我認為和那種男朋友分手是對的，但如果妳不先認可妳父親的話，下一次很可能又會遇上一模一樣的人。」我這麼說道。秀智聽到這番話後非常生氣，竟然要她認可那個光是想像都覺得很可怕的父親？站在秀智的立場來看是完全無法理解的。

這不是叫妳無條件接納妳父親的意思，而是要妳好好療癒並理解那段期間以來因為父親而十分疲憊的自己，這才是我所謂的「認可」，並不是要妳就這樣寬恕他，是希望妳能從心裡那個名為「父親」的包袱之中獲得解脫。

秀智因為遇到和父親很像的男朋友而煎熬著，但她選擇開始療癒、理解、擁抱過去那個因為父親而受傷的自己，她說當她真心誠意地輕拍自己的心之後，父親的模樣也開始慢慢地顯現出來。

父親在小時候被爺爺和奶奶拋棄了，他深受憂鬱症所苦，儘管如此父親還是為了家人努力、認真地生活，過去這段日子以來腦中都只有浮現父親不好的模樣，但現在會覺得父親也很可憐，變得能以更立體的角度看待父親。

秀智最終和男朋友分手了，其實她男朋友那些扭曲的言語和行為同樣起因於在父親那邊受過傷，男朋友也有著和秀智一樣的傷口，秀智就是被他那副和自己相似的面貌所吸引的。秀智在療癒和擁抱自己的同時，漸漸地擺脫了內心的包袱，也稍微能夠理解父親及分手的男友了。

義大利帕爾馬大學的神經科學家賈科莫・里佐拉蒂教授表示我們的大腦裡有鏡像神經元（mirror neurons），所以我們會做出反映別人行為的舉動，也就是我們具有讀懂別人想法和情緒的本能，這不單純只是「知道」，而是能夠「共感」，光是看到別人的肢體動作或聽到別人說話，就會感覺像是本人親自做出的舉動一樣，或許就是因為這樣嗎？我們和在人生過程中最常見到的人——父母變得越來越像，我們和父母變得越來越相像，也和與父母相似的人交往。

「我因為太討厭爸爸了，所以找了個和他完全相反的人交往。」就算是說出這種話的人，說到底還是把父母當作基準來尋找與其相反的對象交往，因此就「受到父母影響」這方面來看還是一樣的，也就是說，不管是喜歡也好，討厭也罷，還是都會被父母影響的。

接下來是大學生慧妍的諮詢信件。

我一個禮拜大概會哭三次，我也不太清楚我為什麼會哭，我的父母正在分居中，家庭環境也不太好，讀高中時也經常會有想死的念頭冒出來。但上了大學後出現了很好很好的人，我本來以為這種事是絕對不會發生在我身上的，原本以為我不會感受到這種感情，不會有這樣的經歷，但我卻擁有了一段非常幸福的日子。可是，不久前我和男朋友分手了，因為我實在太累了，所以最後選擇放下他。儘管他對我來說是一個很棒的人，但我卻感到很寂寞，我希望的事情他做不到，他想要的我也給不了。他和我不一樣，他是在富裕的家庭出生的，我的受害者心態似乎太過強烈了，以後好像也很難再跟其他人交往了。

「你們有對彼此說過自己想要什麼嗎？」當我這麼問時，慧妍的答案是沒有。雖然受害者心態是因為對方而感受到的，但會有這種想法的原因卻是來自於父母與家庭環境，因此，首先要做的就是和父母見面，藉此來釋放自身的痛苦經驗和孤寂感。當然，這個過程會很辛苦，也可能辛苦到讓人不想經歷這種過程，但若不釋放的話，受害者心態只會變得更加強烈，就算與其他人交往，關係也可能會再次被這種受害者心態毀壞殆盡。

賽馬場的馬只會被要求看著前方奔跑，眼睛旁邊會被遮擋起來，受害者心態就如同這個遮蔽物。有遮蔽物的話，看待世界的視野及待人處事的視野必然會變狹窄，這樣就只會跟進到遮蔽物裡的人當朋友，必須要和父母見面，釋放該釋放的、整理該整理的，如此一來遮蔽物的角度才會逐漸變得寬廣，和已經走過的日子相比之下，未來要走下去的日子更重要，所以應該要努力找出自己的受害者心態是從何而來並加以解決才行，這麼做並非是為了誰，而是為了自己。

成動是個三十多歲的上班族，認為人際關係很困難的他，一直記得小時候在餐廳裡跑來跑去的時候被爸爸拉到廁所裡打耳光的事情，這個傷痛讓他對婚姻產生了否定態度。我給了成動一些建議，要他在三週後的結業式之前向父親提起當時的事情。兩週後，成動說他和父親兩人單獨去喝酒了，也跟父親提到當時那件事留下的傷口至今都還存在著。「我真的做過這種事嗎？」父親這麼回道，他說自己想不起來了，還說自己當時的舉動是錯誤的，他對此感到很後悔。「明明像這樣敞開心扉說出來就好了，真搞不懂我之前為什麼一直做不到。」成動後悔不已，對於婚姻的否定態度緩和了一些，心境上也變得稍微舒坦了一點。

我們有時候會因為對象是家人就隨意對待，所以因為家人而受到的傷害就會更深刻、更難以抹除，進而留下了傷痕。並非沒有從家人身上得到關愛就沒有愛人的資格，必須要先愛自己才行，如果你現在覺得很累，那就應該意識到這件事實並且正視它。從一九七〇年代開始研究創傷後壓力症候群PTSD的醫學博士貝塞爾・范德科爾克（Bessel van der Kolk）曾說過，「想要克服心理陰影的話，就要在承受傷痛帶來的感受與情緒的同時，學會如何意識到自身其實已經知道的事實。」也就是說，我們應該要學會認知自己對於家人帶來的傷痛所產生的感受與情緒，並且鼓起勇氣表現出來才行。

因為家人是家人，所以雖然近在咫尺卻感覺離得很遠，
是種雖然親密，卻又很疏離的關係。
因為是家人，期待越大，傷口也會隨之擴大發疼，
家人好像就是這樣的存在。
你知道父母最喜歡的歌曲嗎？
父母會知道我們最喜歡的歌曲嗎？

是因為我喜歡才做的嗎？明明就是因為媽媽喜歡才做的！

「累了吧」這句話

「我要衝到車道去，這樣的話就不用去留學了。」

在六天五夜的領袖成長營裡，總是帶著藥袋的高中生英俊哭著說出這句話。他是個在課堂中很會提問也很會回答的學生，但卻和同學們處不太來，最後一天的晚上英俊在宿舍裡哭個不停，哭的原因是留學生活太過辛苦了，我要他把這件事告訴父母，他卻說不行，因為說了會讓他們擔心。

「兒子，你很累吧？」英俊雖然想聽到父親對他說這句話，但父親絕對不是會對他說出這種話的人。母親聽到事情原委之後，也曾小心翼翼地轉告丈夫這件事，但得到的回覆卻是「別人想去留學還沒辦法去，在這邊說什麼喪志的話！還不如去好好認真讀書！」。

執行了十七年的青少年領導力活動，我領悟到的一件事是，韓國的青少年最想從父母那裡聽到的話有兩句，一句是「我相信你」，一句是「累了吧？」。

在英俊離開去留學的前一天，我和他到住家前面的公園邊散步邊聊天。

「你為什麼沒辦法對爸媽說留學生活很辛苦的事情呢？」

「爸媽已經為我做了所有事了，說了的話不就是讓他們失望嗎？」

英俊說留學並不是他本人想去的，所有事情都是父母下的決定，他只是照做而已，而且表哥也有和他一起去留學，但表哥適應得很好，也很會念書，所以他們經常被拿來比較。關於喜歡的運動、喜歡的歌手、愛唱的音樂，英俊一個也答不上來，我只能對他說：「不管別人說什麼，你都是很珍貴的存在，所以要加油。」、「別忘了因為你是你，才突顯出你是個珍貴的人！」和青少年進行諮商時總會碰到瓶頸，當家長說出「所以你有盡好身為我子女的責任了嗎？」時，我就沒辦法再多說什麼了，儘管如此，英俊還是用雙手比了愛心給我，還對我說：「講師！謝謝你，我會努力的！」

他是在感謝我什麼呢？在營隊的最後一天傾聽他苦惱的事？還有讓他和母親分享自己的煩惱？不久之後，我從英俊的母親那邊收到了一封文字訊息，她說英俊順利地到了英國，學校生活也過得還不錯。英俊能夠不通過某某親自向家人表達自己的心意才是我所期望的，我祈禱無論他父親的回答和反應如何，他都能將自己的內心表現出來，也祈禱他不再跟從父母的選擇，而是能夠自己做選擇與負責。

老實說，我在英俊身上看到了我自己，那個儘管辛苦仍然因為怕父母擔心而不敢表現出來的自己。若是不表現出來，父母就無法了解子女，子女也無法理解父母，父母會誤以為自己很了解自己的小孩，子女則會斷定父母無法理解他們，演變成看不到自身戴著的面具，只會怪罪對方面具的情況，這就是為什麼必須先認可自己的面具才行的原因。

自己的人生，父母無法代替你過

大鷹被人人稱羨的 S 電子錄取了，但他卻對入職這件事感到後悔。大鷹的工作性質需要早晚輪班，但他是白天睡不了覺的體質，所以輪班工作對他來說特別辛苦，他無法適應輪班工作。每每到了輪晚班的日子，他只能勉強睡個兩小時左右就出門上班，生理時鐘因為睡眠強迫症的關係完全被打亂了，到後來甚至必須服用安眠藥才能入睡，但他卻因為考慮到父母，下定決心「不管怎樣都要堅持到底」、「要努力嘗試到死為止」。

可是人一旦沒睡好就容易發生異常狀況，「都已經惡化到這種地步了，還堅持工作的理由是什麼？」醫院方面也曾這麼問過他，「因為我通過最終關卡錄取的時候，父母都笑得很開心，我是第一次看到他們笑得那麼開心。」大鷹說他當時是想這麼回答的。就算月薪入帳了、就算獎金入帳了、就算被公司認可他表現得很出色，他也無法舒適地入睡，所以他根本一點也不開心。大鷹在上班的期間哭了很多次，他最終還是遞出了辭呈，現在正在攻讀研究所。

喜歡在補習班講課的求職者正赫進入了大企業上班，原因是他無法辜負獨自扶養自己長大的母親的要求。因為正赫是位非常出色的講師，所以補習班方面也表示願意幫他加薪到和大企業同等的年薪，但他最後還是應母親的要求選擇到大企業就職。然而，正赫入職一年後就來找我了，我也不知怎麼一回事，好像本來就知道他來找我的理由似地，馬上就這麼問道：

「你辭職啦？」

「對。」

那是他母親十分盼望的工作，怎麼會辭職不做了？我好奇地問他：

「你是怎麼說服你母親的？」

「是我母親先開口要我辭職的，她說我看起來太不開心了。」

子女為父母著想，父母也會為了子女著想，但有時候，我們都會因為不知道彼此真正的內心，而誤以為自己和對方的想法是一樣的。但是就如同父母無法代替子女過他們的人生一樣，子女也無法全然理解父母的生活，在自己的人生舞臺上，應該由自己來擔當主角才行，父母只要扮演支持、相信、關注、應援的角色就好。像英俊一樣讓父母變成主角的話，那麼英俊充其量只是扮演父母期望角色的演員罷了，人生的方向盤應該由自己來駕馭才對，但卻被父母代替了。父母該做的不是成為司機，而是要成為導航儀才對。

我突然想起了以前曾經聽過我講課的學員所說的故事，他說這是他朋友的故事，而這故事很令人心痛。他朋友就讀高中的女兒在和父母一起吃晚餐時，突然回到自己的房間然後就從窗戶跳下去了，就這樣令人遺憾地結束了她短暫的一生。女兒的信上這樣寫著：

「媽媽妳替我去上大學吧。」

原本準備當公務員的閔旭找到了自己喜歡且擅長的事，但從那一瞬間他的煩惱就開始逐漸擴大。他苦惱著自己是該聽父親的話為智能障礙二級的姐姐著想去成為公務員好呢，還是該想著這是自己的人生，所以應該去做自己喜歡的事才好。我是這麼問他的：

「如果公務員考試落選的話，你有信心不去怪罪姐姐或父親嗎？」

「沒有信心。」

「那你有信心在成為公務員後，感到疲憊時不去怪家人嗎？有信心不會因此後悔嗎？」

「沒有。」

我接著又這麼問道：

「這段期間以來，你有為了你的夢想投注足以讓自己在未來不會後悔的時間、金錢、精力了嗎？」

「好像沒有。」

全部都嘗試過了也不行的話，走上公務員的道路才不會後悔，因為那是自己做選擇、自己下決定的，我要閔旭好好深思熟慮一下。在下一次見面時，閔旭跟我說他要去追尋自己的夢想。

我們經常會站在選擇的分岔路上，如果想要弄清楚哪條路才是正確的，就要先思考那是不是發自自己內心的選擇。最悲傷的事情莫過於在不清楚自己踏足的這條路到底是不是自己的道路的情況下，努力地、默默地奔跑著，就如同一輛沒有煞車的汽車一樣。雖然努力地奔跑著，但在領悟「不是這條路」的瞬間，如果是自己所選擇的道路，還可以回過頭看看一路走來的自己，並且從中發現全新的自己、從那裡開始成長；但如果是因為家人而選擇的道路，就不會回頭看看自己，反而只會怪罪讓自己選擇這條路的家人。

因為家人而放棄夢想這件事，就和放顆炸彈在口袋裡帶著走沒有兩樣，「我為了家人放棄了我的夢想，所以大家都要認可我、關注我才行，不然我就會把炸彈拿出來，這顆炸彈就是為了奪走我夢想的家人所準備的。」假如真的有需要為了家人放棄的事情，就要不計後果、乾脆地放棄才行，變得不倫不類是最令人悲傷的。

我們因為家人而受傷，也會因為對方是家人而被治癒，就算再怎麼討厭也是家人，再怎麼不想見到也是家人。我們對「家人」有各式各樣的定義，有些人說「Family」是「Father and Mother I love you」的意思，也有人說父母和子女是相愛相殺的關係，但是，請試著思考看看：

僅僅因為是家人，我們就可以多隨意地去對待？

僅僅因為愛，我們就要賦予多少傷害？

「都是為了你才這麼做的！」這句話的負擔有多沉重？

為什麼我們都沒有衡量到一氣之下說出口的一句話會給對方帶來多大的傷害？

「對不起」這句話為什麼會這麼難說出口呢？

為什麼會不知道「因為是家人，所以都能體諒的吧？」這句話帶來的束縛力量有多強大呢？

我們為什麼都沒有發現我們自認為最了解的家人其實是最大的錯覺？

請先疼愛你自己，

有時候你必須徹頭徹尾地自私一點，

不是「全都是我的錯」，而是「所有人的錯」，

家人只要承擔那所有錯誤的1／n就好了。

因為有我，所以才有家人；因為有家人，所以才有我。

我覺得一切都是我的錯

能否擺脫罪惡感？

智惠之前一直照護她的父親，她父親的大腦有百分之九十無法正常發揮作用，已經陷入腦死的狀態。醫院當時表示「希望很渺茫，最好先做好心理準備」，智惠和家人則把希望寄託在剩下的百分之十上，讓父親進行了手術，結果父親就這樣成了「傻瓜」，一個不論是行動、大小便都無法自理，甚至連自己是誰都一無所知的傻瓜。智惠說她因為不喜歡看到這樣的父親，所以有一段時間都沒有去醫院探望他。

智惠一家人的經濟、心理都逐漸變得疲乏不堪，有一段時間智惠心裡甚至浮現了「要是這個『傻瓜爸爸』不是我父親就好了」的想法。就這樣，在與病魔抗爭了兩年，準備離開加護病房，要把插在脖子上的軟管拔掉然後移送往療養院的那天，在移動的救護車上，她父親發出「智惠啊、智惠啊、智惠啊」的聲音，反覆喊著智惠的名字，智惠非常驚訝，以為父親恢復健康了，但醫生說那只是在無意識的狀態下發出的聲音，並不是認出誰而說出口的話。據說她父親就這樣在接下來一個多月的時間裡一直喊著「智惠啊」、「智惠啊」，最終從家人的身邊離開了。智惠是這麼說的：

他自己超過五十年的人生、回憶，甚至連他本人都已經被他遺忘，唯一一個沒有忘記的就是我的名字——智惠，我說過我有段時間曾經希望爸爸不是我的爸爸對吧，我很想對他說對不起、我愛你，但現在卻做不到了。

據說從那之後，智惠就因為罪惡感的關係，一直都以端正有禮的態度生活著，因為父親生前時常強調禮儀的重要性，每當她說出沒禮貌的話或做出沒禮貌的行動時，就會覺得父親正在天上看著她，愧疚感讓她變得越來越疲乏，當周遭的人或朋友說出稍微不禮貌的話、有一丁點不禮貌的舉動，她就會和對方斷絕關係，要是自己說出沒禮貌的話或做出無禮的行為，就會為此辯解好幾次，就算那是沒什麼人在意的瑣碎失誤也一樣。我真的很想把這些話轉達給智惠聽：

天上的父親會希望智惠妳過得那麼辛苦嗎？曾經希望他不是自己爸爸的心態並沒有什麼錯，在當下那種情況當然可能會產生那種想法。還有，雖然能遵從父親生前的意志是件好事，但如果因此而痛苦不堪的話，請偶爾放鬆一下妳自己，也要記得擁抱、慰勞一下辛苦的自己。

兒童心理分析學者愛利克・艾瑞克森（Erik Erikson）表示，罪惡感是種「對於自己做出錯誤選擇所產生的責任感，不能將結果怪罪到自己以外的人身上的意識形態」。罪惡感是一種無法寬恕自己的心態，當家逢困境，父母和子女都會在不知不覺間讓彼此產生罪惡感，儘管一起受到傷害、彼此都很辛苦，但因為難以承受，所以只能把困頓感轉嫁到彼此身上，在放任罪惡感不管而衍生出的爭執中，受到影響的大多是子女，所以小孩們才會在毫無防備的狀態下深受罪惡感所苦。智惠說她偶爾在夢裡見到父親時都會覺得很痛苦，雖然智惠說她想要輕鬆地放父親離開，但或許這句話的對象指的其實不是父親，而是她自己。

先照顧自己的心

大學生京美在烤肉店打工，每當遇到說她沒有把碗洗好甚至還出言辱罵的客人，「在別人眼中我看起來像是個隨便對待也沒關係的人嗎？」她心裡都會浮現這樣的想法並對此感到十分難受。京美小時候父母就離婚了，成為單親家庭的時候她並沒有覺得這是什麼大問題，也總是若無其事地告訴朋友，但升上國中後，她開始因為不能隨心所欲地上補習班、沒有得到太多支援而產生了丟臉的情緒，並且躲在蒙蔽了這種情緒的面具下生活著。

我想要脫掉面具，想在覺得累的時候就喊累，想要自己清楚明白不論別人說我什麼那都不是我的錯，而且我也不想為生活設定任何標準，否則每當脫離那些標準時，我都覺得好累也好討厭，然後我也想鼓起勇氣對父母說，我真的好累好累……

京美在說著這些話的時候，淚水也開始在她的眼眶裡凝聚打轉著。我希望能替因為自尊心的面具而心累的京美帶來一點安慰和鼓勵。

約翰・鮑比（John Bowlby）提出的依附理論（attachment theory）指出，主要養育者與孩子的依附關係對於之後的人際關係養成是必須的，與人格發展也有密切的關係。我通過眾多諮商所領悟到的一點是：年幼時期的傷口與現在的關係有著密切的關聯。

父母和子女之間的矛盾若是沒有被解決，或是責怪對方，或是採取「只要我忍耐體諒就好」的迴避態度，就必然會發生問題。就如同為了變成熟總需要經歷過孤獨的時間一樣，現在應該把埋藏的傷口袒露出來才行，替傷口上藥、讓傷口吹吹風，總有一天會長出新肉的。就像燒焦黏在平底鍋上的殘留物必須要倒水進去等待一段時間才有辦法清除掉一般，我們也只要一步一步慢慢變成熟就好了。

在別人的視線裡奉上了我的人生

外表，那是什麼？

「我因為外表的關係很想死。」

成為大學生一個禮拜的亨碩好不容易才擠出這句話。亨碩說他在小學時的綽號是「科學怪人」、「被時速一百公里行駛的卡車壓到的猩猩」，他和同學們處不太來，學生時期被嚴重霸凌，在讀完高中一年級的時候就主動休學，透過學歷認證考試進入了大學。儘管擺脫了令人厭惡的排擠行為，但亨碩依然連一個一起吃飯的朋友都沒有，一直都是獨自一個人。亨碩的父母離婚了，他和父親及姐姐一起生活，但和家人間的溝通幾乎是處於斷絕的狀態，甚至曾經使用刮鬍刀嘗試過極端的行為，他看起來一臉迫切。

「等我賺錢之後最先要做的事情就是去動整形手術。」

「為什麼想做整形手術？」

「我討厭朋友們總是用像在看怪物的眼神看我。」

每個人都有「屬於自己的魅力」

和亨碩談話的時候總會深刻體會到我們的社會是多麼習慣於用外貌來評判一個人，大眾總是以表面顯露出來的形象判斷一個人，達不到自己標準的話就貶低對方。每個人的審美標準都不一樣，規定一個理想的外貌然後互相強求對方必須要長成那樣才行，這樣的行為只會讓我們陷於不幸而已。

我對於亨碩被他人的評價所左右並輕視自身存在的模樣感到非常惋惜，不管要做什麼，我都想讓亨碩發現自己的魅力所在，在我看來亨碩是個非常有魅力的人。我和亨碩進行了多種面向的談話，期望他能找出自我成長的鑰匙，也提出了一些建議。

「先試著換掉 kakao talk 的大頭照如何？」

亨碩的大頭照是地下鐵的正面照片，暗示著他想要跳進鐵軌裡尋死的心意。我說服亨碩拍張自拍照上傳看看，一直到他答應我之後的第二週，他才上傳了他的自拍照，我也感覺到他的心情變得比以前還要好多了。

「講師，我今天終於交到了一起吃飯的朋友，也有試著看著朋友的眼睛說話，結果並沒有想像中的那麼可怕，謝謝你。」

我很好奇讓亨碩變得這麼努力的契機是什麼，他說「刺中」他心裡的一句話就是「屬於你自己的角色」。我當時對曾說過想要成為演員李炳憲的亨碩這麼說：

「電影裡並不是只會出現像張東健或李炳憲這樣長相帥氣的人，而是會出現各式各樣的演員，我們稱之為『角色』，我也希望你能找到屬於你自己的角色。」

在那之後的四年後，我再次遇見了亨碩，他真的變得很帥氣，即使沒做整形手術也帥氣。在見面的期間亨碩一直散發出自信滿滿的態度，他也跟我講述了他是怎麼戰勝對於外貌的自卑情結的。

第一是為了尋找屬於自己的角色而改變了想法。

「是啊，去除臉蛋之後，剩下的部分還占了我外表的百分之九十以上，就試著來打扮一下吧。」

亨碩開始關注時尚資訊，為了能將自己的魅力發揮到最大限度，他研究起穿搭方法，也開始把穿好衣服的方法、活用時尚單品的方法上傳到部落格上，他只經營部落格一年就成了極具影響力的部落客，許多人群聚在一起，要求他傳授如何像他一樣把衣服穿得好看。現在亨碩不再感到孤單，也正做著以前無法想像的夢，也就是成為時尚採購專員，但對於已經成為極具影響力的部落客的他來說，這並不是不可能實現的夢想。

其實，亨碩是否能成為時尚採購專員並不是重點，重要的是他正在塑造自己的角色，他將自己原本最不喜歡展現的部分轉變成想要展現的部分。我們都是七十億人口中獨一無二的珍貴存在，地球上沒有任何人是一模一樣的，如果你現在覺得很疲憊的話，就必須確認看看你是否被束縛在誰的視線裡，又或者你是否把自己和誰拿來做比較了。神賦予了我們一到兩種以上的天分，尋找天分的過程不就是人生嗎？若是讓他人的視線成為生活的重心，就是把自己的生活交付到別人的角色上了，為什麼要把自己寶貴的人生交給別人呢？

咖啡也有屬於自己的香氣，鳥也有自己的聲音，咖啡沒有必要成為綠茶或玉竹茶，麻雀也沒有理由要成為燕子，試想，要是麻雀一邊羨慕燕子一邊發出燕子的聲音，那會變得怎樣呢？人也有屬於自己的香氣和聲音，那正是專屬於自己的角色。

我也一直很想找到屬於我自己的角色，所以才毫不畏懼地離開了令旁人羨慕的穩定工作，在六年裡遞出了六次辭呈，經歷了六種職業後成為了講師。就算第一個職場的同事年薪比我多了四倍，身為「比較大魔王」的我也沒什麼特別的感覺，因為他是以他的角色過活，而我也正以我自己的角色在生活，我所認為的缺點對某個人來說也有可能是值得稱羨的優點。

請不要在別人的視線裡典當自己，請不要硬把自己塞入別人單方面要求的標準裡，就算很艱難，也必須訓練自己不和別人比較，不比較的話就不會做出評判，不評判的話看世界的視野也會變得更寬廣，必須把和他人比較的能量返還給自己，並且健全地運用那股能量才行。要理解並擁抱現在原本的自己，因為我是「我」，所以才顯得更為珍貴。

恐懼變成強迫症

這是因為被其他人的言語傷害而開始減肥的恩英的故事。

我之前一百五十三公分、五十三公斤，雖然有點胖胖的，但想著「這樣不也滿可愛的嗎？」、「只要有個人魅力不就好了嗎？」也就這樣生活過來了。可是，當我滿二十歲想找打工而去面試時，卻一一被拒絕了，而讓我最受打擊的是朋友的一句話：「喂！妳沒長眼睛嗎?那雙腿長那樣拜託妳別穿裙子，太傷眼了。」

當時受到巨大衝擊的我因此開始減肥了，一年後，經過嚴酷的減肥過程後我減掉了十公斤，結果身邊人們的反應都改變了。當初很難找到的打工變得很容易就能錄取，朋友們羨慕的視線就不用說了，之前總是冷冰冰的男生甚至對我表現出好感。

雖然這些人的態度讓我感到開心，但不安感也因此開始萌芽，我害怕如果我又變胖的話，他們會不會又用和以前一樣的冷漠視線看我?這種恐懼開始逐漸轉變為束縛我人生的強迫症，若是沒有把食物一一放上磅秤計算卡路里的話我就無法用餐，小小的醬油碟就是我的飯碗，原本是四十三公斤的體重後來甚至掉到了三十八公斤。

我得了厭食症，但比厭食症更嚴重的狀況是停經，我的月經大約有十一個月都沒來，醫生說：「這根本就和行屍走肉沒兩樣，只是靠意志力在活動而已。」可是當時比起危害到健康、比起月經不來，變胖這件事更讓我感到害怕、更讓我覺得討厭得要死。

但或許是忍耐太久而遭受太大壓力的關係，我的食慾開始爆發到無法控制的程度，進而演變成暴飲暴食。暴飲暴食後，全身就像被毒打一頓一樣疼痛，甚至連手指每一個指節都腫到戴不下平常戴的戒指，衣服只要稍微擦過腹部，就會像發燒感冒一樣疼痛，這樣暴飲暴食之下，我甚至因為害怕變胖而開始嘗試催吐。在得到厭食症的同時，我也患上了嚴重的暴食症，我的暴食症大約持續了半年左右。

這樣的日子持續著，大概一個月我就胖了超過十公斤，感覺其他人看到變胖的我時，好像都會在我背後指指點點說：「她的溜溜球效應開始了，我就知道會這樣。」漸漸地我開始害怕見人，躲在家裡的時間變長了，最討厭的事就是照鏡子，照著鏡子的時候，甚至會產生衝動冒出「如果在這裡消失的話，就不用再看到我這副模樣了」這種想法。

讓我重新找回平凡日常的是鼓勵我說「變胖了也很美，維持這樣也沒關係」的朋友。儘管照理來說不可能會「美」，但朋友的話還是讓我曉得了對某些人來說，我的外貌並不重要。他們讓我知道，對於很了解我的人而言，外貌根本不在判斷我的考慮事項裡，不管我是什麼模樣，我身邊的人們都不會離開我，不同於我所擔心的，熟識的人對待我的方式都和以前一樣。

我躲在家裡的時間開始慢慢減少了，但我的故事並不是個美好結局，雖然我還沒辦法有自信地對過度減肥的人說出「絕對不要進行把自己推往絕境的愚蠢減肥，我再也不會回到那段愚蠢的時光了」這種話，我現在仍然在減肥，但是，我不想再把自己變成充滿痛苦和怨恨的人了，意思是，比起因為在意他人的視線而減肥，我決定更著重於自我管理，藉此尋找自身的特質。

我或許有一度是個尋死之人，因為我當時只知道埋怨、害怕世界的偏見，明明也有人喜歡胖胖的我，但我的視線卻總看向嘲笑胖胖的我的人們。

我的故事既不是美好結局也不是悲劇收場，而是現在進行式，直到我能從本質而非皮囊找到自信為止，至少到我內心與外在的拔河賽戰成不分勝負的精采和局那天為止，我都會努力與自己戰鬥下去的。

恩英在全國大學生的發表大會上講述了這個故事，最後得獎了，而且還上了電視演講節目。恩英現在就職於大企業，正在認真地過著職場生活，恩英戰勝了自己因他人視線而創造出的恐懼與強迫症，我想為她加油打氣，也感謝她提醒了我們，傷痛和自卑感並不是需要隱藏的對象，我們都應該要堂堂正正地面對它們才行。

果斷地拋下別人的視線！

執意想成為空服員的夏彬哭著來找我諮商。

「為什麼想成為空服員呢？」

「因為我有個一定要證明給她看的朋友。」

事情是這樣的。夏彬本來是和一個很要好的朋友一起為航空營運系備考的，但在大考前一個月朋友的備考科系卻改變為秘書系。大考結束後，她們一起去百貨公司逛街，店員們對朋友表現出濃厚的興趣，對她說：「感覺妳很適合當空服員。」

朋友回應：「我想讀秘書相關科系，我的朋友打算當空服員。」結果店員輕瞄了夏彬一眼後，還是只和朋友聊天，到她們兩個人離開櫃位時，店員們竊竊私語說：「最近國外的航空公司挑人倒是不會看臉啦。」結果聽到這些話的朋友卻噗哧笑了。

夏彬平時雖然和朋友很親暱，但一直都有種自己被無視的感覺，她的自尊心受到了很大的傷害。夏彬就像是想證明給嘲笑自己的朋友看一樣，說她的願望就是成為空服員。

夏彬只是因為想要表現給朋友看而決定了自己的夢想。當然，從朋友身上受到的傷害會成為她實現夢想的原動力，但是若讓他人成為自己生活的重心，當消耗了自己心靈與身體的能量而感到疲憊時，他人就會成為被怪罪的對象。

如果夏彬能在第一次因為朋友的行為而感到傷心時就如實表現出來的話該有多好？夏彬一句話都沒對朋友說就自己在一旁焦慮，也就是說實際上朋友本人什麼都不知道，造成傷害的人一點事都沒有，受到傷害的人內心卻焦慮不已，這樣不是很委屈嗎？如果不想這樣的話，受傷時一定要表現出來才行。過度在意別人的視線是因為自信心不足所導致的，確立健全自信心的人，無論處於怎樣的環境和評價中，都會努力維持自己特有的價值。不要耗費力氣在獲取他人的認可和理解上，自己必須先認可並理解自己才行。

保羅・柯艾略（Paulo Coelho）在《煉金術士》裡提到，「不要過度在意其他人怎麼想你，反正你並不是能夠被隨意改變的人」。請果敢地無視他人的視線，這並不是說傷害別人也沒關係的意思，而是要你應該先替自己著想才對。雖然我們被教導要有利他精神、多為他人著想，但若是把旁人的視線當作唯一正解的話會很辛苦的。

看團體照時第一眼會先看到誰呢？當然是先看到自己了，無論何時何地，都應該先關照自己才行，不要察言觀色，要鼓起勇氣堂堂正正地表達出自己內心的聲音，不需要擔心「如果他因為我的話受傷了怎麼辦？」、「我這樣說的話，那個人會怎麼想我呢？」、「要是朋友因此離開我的話怎麼辦？」，反正會因為這樣就離開的人本來就不是朋友，就算時間流逝還是待在你身邊的朋友才是真正的朋友。

假如你因為要好的某人的言語而受傷了，請說出你的真心話，雖然當人用頭腦說話時會拿出計算機，但若是用心說話的話，就能打開心門。

不是人好，而是忍耐

「假裝」的人們

有間我一年會去主講兩次就業特別講座的大學，演講對象是畢業班級的四百多名學生。但儘管我已經去了超過六年了，也從來沒有見過學校的負責人。直到第七年，就業組的組長終於來了，當時是組長先開口的。

「您是講師對吧？」

「是的，幸會幸會，我是金承煥。」

「今天ＫＢＳ新聞小組說要來拍攝，您就輕鬆講課就行了。」

那瞬間我感到很驚慌。

「抱歉，請問他們是取得誰的同意才來拍攝的呢？我並沒有同意過這件事。」

「是我同意的。」組長慌張地說。

「很抱歉，就算是校長來也應該要得到我的許可才行，因為從現在開始演講的兩小時都是我的時間。」雖然很想這麼說，但我卻只回答了「好」就沒了。

我突然覺得很落魄、很丟臉，因為我明明就在課堂上教人「要堂堂正正地發出自己的聲音、不要看別人的眼色」，結果在聽到對方說會在電視畫面放上「FYC研究所所長金承煥」時，我還說了「謝謝」。

我總是只在心裡說話，和朋友去中式餐廳用餐時，就算想吃炒碼麵，也會在聽到朋友提議說要統一點炸醬麵時說：「喔，好啊，那我也點炸醬麵。」然後在心裡嘟嘟囔囔「為什麼要統一啊，我想要吃其他東西的說，至少也該先問一下不是嗎？」。當我心裡的碎碎唸一再累積，我的心情就會變憂鬱，最後就會開始討厭起說要統一點餐的朋友。

我們必須要二擇一才行，要不就說「我想吃炒碼麵」然後爽快地吃，要不就好好享用炸醬麵就行了，假裝貼心點了炸醬麵又在心裡碎碎唸是最像傻瓜的行為，而我就是這種人。一段電視廣告詞深深擊中了我的心，「所謂的好朋友並不是一起做朋友喜歡的事情，而是不一起做朋友討厭的事情」。討厭的話就要說討厭，這樣朋友才會信任你。

某天我的後輩對我說：「學長你人太好了，但是就算想和你開玩笑，也總覺得好像有一道帷幕擋著的樣子。」「好人」的特徵之一就是雖然裝作一副爽快的樣子行動和說話，但心裡卻還是會絮絮叨叨碎唸個不停，當碎唸一再累積，最終就會引起誤會。因為就只是沒說出口而已，只有本人沒有發覺其實從眼神和表情都能看出不滿，如果在身邊的人一個一個離開的時候就能夠察覺這件事，那還算是萬幸的。

為什麼人們總不能往外表現出來，卻只是在心裡嘟囔呢？如果有什麼想要的，直率地說出來就行了，為什麼做不到呢？裝好人、裝沒關係、裝若無其事……，為什麼要「假裝」呢？會不會其實根本就不是為了照顧別人，而是為了照顧自己所以才會「假裝」的呢？

會不會是因為討厭在所有人都說要吃炸醬麵的時候喊出炒碼麵可能招來的目光，不想在表明反對意見後遭受心理上的壓力，所以才會「假裝」的呢？會不會是因為像我這樣「假裝」的人覺得，吃不想吃的炸醬麵比起承擔心理壓力吃炒碼麵還要有價值呢？會「假裝」的人都是想要在人際關係裡追求安定的人，因為這種人最忌諱的事情之一就是其他人對他抱有負面想法，其實，不管是直率地表達意見還是

「假裝」，可能都只是一種表達自己意見的方式罷了。

忍耐轉變為自卑感

善熙說她高中時有位和自己有很多相似點的摯友，像是會寫日記、會臨摹漂亮的字體寫字、喜歡安靜舒適的咖啡廳、會收集稀有顏色的筆、喜歡綠茶拿鐵、喜歡歌詞甜蜜的音樂、喜歡在夏夜散步，全部都很相像。

問題是從摯友有了戀人之後開始產生的，善熙雖然嘴上說「恭喜妳，他看起來人很好，我們再找個時間一起吃飯吧」，但卻覺得很傷心。「我失去朋友了」、「這世界只有我是一個人」之類的想法浮現在腦中，也開始慢慢產生了自卑感，「這麼看來，她比我好的事情還挺多的，很會讀書、很會拍照、相機也更好，還有男朋友會天天來接她、還會每天寫日記……那麼，我是怎麼了？」、「我為什麼什麼都沒有，只有自己一人呢？」、「我為什麼要因為她妨礙我的學習呢？」她說她就這樣獨自陷入了自卑感，並且產生了無數想法，結果她們的關係變得尷尬，善熙後來上了大學，摯友選擇重考後她們就斷了聯繫，朋友關係也就跟著結束了。善熙覺得是自己創造且助長的自卑感導致她失去了朋友，而這樣的想法讓她感到難受不已。

大家是否都被「當朋友很好時就要真心祝賀對方才算是真正的朋友」這樣的觀念束縛住了呢？就連兄弟姐妹在成長過程中都會有瑣碎的競爭行為了，朋友之間會出現狀況也是理所當然的，關係不可能會一直都很好的，有時候會嫉妒朋友，有時候也會陷入自卑感，這種時候只有承認自己的心思，才有辦法維持朋友關係。

在朗達・拜恩（Rhonda Byrne）的《秘密》裡，喬・維泰利（Joe Vitale）博士曾提到「被現今環境制約、束縛或禁錮的人有很多，但不管你現在所處的環境如何，那都不過是現在的情況而已」。我們不應該被制約或束縛在兄弟姐妹或朋友的環境裡，他們不該是讓你受到束縛的對象，反而應該是要面對面、一起歡笑和哭泣的對象。並非不能有猜忌或嫉妒的心情，而是要了解猜忌與嫉妒是發現自我和肯定朋友的一種自然情緒，因為就像你會因為對方產生猜忌和嫉妒心理一樣，對方也有可能因為你而產生那樣的情緒。約翰・沃夫岡・馮・歌德（Johann Wolfgang von Goethe）曾說過「比較的話就輸了」，朋友應該要是開心時一起笑、傷心時一起哭的存在才對。

過去的被害者成為今日的加害者

上了年紀的人還真辛苦

這是在對國中生講課時發生的事情。原本把腳放在書桌上聽課的二年級學生在我做自我介紹後馬上大喊，要求我再講一次名字，然後令人驚慌的情況發生了，當我再次告知我的名字時，他就用力地打了旁邊同學的後腦勺，脅迫對方把名字記下來。當時我假裝沒聽見，就接著繼續講課了。

我其實已經預想過這種情況了，因為聚集在那裡的學生都是從周邊學校聚集在一起的「不良學生」。課堂才剛開始，除了一兩名學生之外，剩下的學生要不是在照小鏡子，要不就是和旁邊的朋友玩耍，要不就是趴下來睡覺。

為了要讓學生們集中精神，我採取了特別措施，模仿外國的搞笑明星，要是他們猜中是誰就贈送文化商品券[3]。如此一來就有大約百分之六十的學生開始集中注意力，我模仿了「豆豆先生」，學生們說看不太出來，要求我再做一次，所以我又使用了更誇張的表情與動作來模仿。「上了年紀的人還真×××辛苦啊」，剛剛的那位學生突然從最後面說了這句話，雖然是自言自語，但他的聲音已經是大到在講堂的所有人都能聽到的音量了。

學生們開始嗤嗤竊笑起來，我瞬間失去了理性，「最後面那個學生！你剛剛說了什麼？現在就給我堂堂正正站起來，看著我的眼睛把你剛才說過的話再說一次，做不到的話就請你出去，像你這樣的學生沒有必要聽我的課！」我只是在心裡這樣唸著，接著就假裝沒有聽到繼續講課。一開始我覺得那些學生很討厭，但後來我開始討厭起我自己，因為實在沒有自信能繼續講課，所以我就中斷了課程，以讓大家休息二十分鐘的方式結束了那堂課。結果，負責的老師跑過來抓住我的手，安慰我說：「老師！你應該嚇到了吧，不好意思。來這裡的講師們全都是受了傷回去的，但是還是請講師多多諒解。」

3.文化商品券：指可以用來購買圖書、支付電影或話劇票券等文化商品的代金禮券。

瞬間，「是要我諒解什麼？而且明知道會讓人受傷，為什麼還要邀請我來啊？」我腦中浮現了這樣的想法。負責的老師接著說：「我們這裡的孩子要不就是父母不在了，要不就是在單親家庭長大的，家境比較艱困，所以很早就開始打工了，結果遇到了不學好的朋友就走到今天這樣了。這些孩子們有什麼錯呢？都是環境造成的。」

當時對我說了過分言語的學生把兩手放在褲子裡，吊兒啷噹地朝我走過來，我瞬間慌亂了起來，「那個，你因為剛剛的×××生氣了對吧？請你諒解一下。」但那名學生卻傲慢地對我拋出這段話就回去了。「他現在是在跟我道歉對吧？雖然姿態和語氣都有點……」在那個瞬間，我產生了這種想法。我叫住那個學生，詢問了他的名字。

「我嗎？不用管那麼多。」

但我還是沒有放棄。

「哲秀……」

好不容易知道了學生的名字後，我又繼續問：

「哲秀，你的夢想是什麼？啊，說夢想會太遠大了嗎？那你想做的事情是什麼？有什麼感興趣的事情嗎？」

「夢想嗎？我喜歡的事情嗎？你等一下，我把我的寶物一號拿過來。」

我嚇到了，本來以為這次也會被無視的，結果那名學生眼神一變，說要去拿「寶物一號」過來就往宿舍跑去，這樣的態度讓我大吃一驚。不久後，哲秀帶了臺數位相機回來，哲秀把相機裡的照片展示給我看，照片是他參加足球比賽的模樣。哲秀邊讓我看照片邊興奮地說明著，但他的眼神卻突然變得兇狠，接著還發起火來。

「我現在沒辦法踢足球了。」

「為什麼？」

「因為那個女人的關係！」

「哪個女人？」

「我媽！」

「怎麼了？」

一問之下才知道，哲秀在足球比賽中被身材高大的選手鏟球，他的腳踝腫起來，如果想進行手術的話就需要獲得監護人的同意，但爸爸不在了，和在市場當流動攤販的媽媽聯繫又晚了，所以他現在不能踢足球了。哲秀繼續給我看照片，然後突然在某張照片停了下來，他說：

「我後來有了另一個夢想。」

哲秀在手術後去看了一個喜歡的哥哥的決賽，那個哥哥在決勝球踢進了他最想踢出來的香蕉球，哲秀拄著拐杖跑到那個哥哥身邊。

「哥，那是怎麼踢出來的啊？腳尖有什麼感覺？進球慶祝動作是先準備好的嗎？」

哲秀說，即使是用言語也好，他想要感受自己現在無法體驗的感覺，所以他把哥哥說的話仔細地記錄了下來。也是從那時起，他開始夢想成為一名專門跟在足球選手身邊寫作的體育記者。

哲秀的眼神變得閃閃發亮且強而有力。就這樣，休息時間結束了，我開始進行第二堂五十分鐘的講課，結果時間卻飛快地過完了，最初的二十分鐘明明感覺就像二十小時一樣漫長的，這真的很神奇。我後來了解到，學生們的態度並沒有改變，是我的態度轉變了，儘管剩下的學生還是一如既往地在睡覺或玩耍，但哲秀當時把腳從書桌上放下來了，他把桌子拉到胸前，專心地聽著我講課。我那時似乎是只看著哲秀在講課的，那是一堂讓我對於成為一名講師這件事感到感謝並且學到許多的課程。

第一次有人聽我講夢想

課程一結束哲秀就跑來找我了，他看起來很難為情似地，邊撓著頭邊說：

「嘖，我有話想說，但太尷尬了。」站在那猶豫不決開不了口。

「什麼？你想說什麼？快說說看啊。」

聽到我的話之後，一直躊躇不定的哲秀不敢和我的眼睛對視，轉而看著地板開口說：

「謝謝。」

「……」

感覺對哲秀來說，「謝謝」兩個字似乎是很難說出口的詞彙。

「哲秀，你是為什麼事情道謝的呢？你要先說出理由我才有辦法收下這份謝意啊。」

結果哲秀又猶豫了一下，最後才鼓起勇氣說：

「講師你是我出生以來第一個聽我講夢想的人。」

哲秀流下了眼淚，他哭到身體都在顫抖，我站起身擁抱他，而我的眼淚也在不知不覺間掉了下來。我問他：

「這之前都沒有人問過你關於夢想的事嗎？」

「不是，以前有過。」

「那你為什麼沒說呢？」

「因為不想說。」

這之前哲秀聽到的問題都是類似「哲秀，你這副德性長大是打算做什麼啊？如果你被退學的話，班上的平均反而還會提高。」這種無視他、把他當作人生失敗者對待的言語。而聽到這類質問的孩子，並不是只有哲秀一人。

有位因為某天發生了機車事故而被當作問題兒童的學生，當我問他：「騎機車不會很危險嗎？」他的回答令我感到十分震驚。

「死了就一了百了啦，反正就算我死了也不會有人關心我。」

他在過去到底是聽著什麼樣的言語長大的呢？這個社會真的有試圖去理解這些學生嗎？當家人或世界設下了某種框架，我們就得活在那個框架裡嗎？

遺憾的是，促使我和這些學生相遇的課程因為補助金的問題沒有再開課。在和像哲秀這樣的學生相遇的三年裡，我從中學到了許多東西，沒有人是從出生開始就是問題兒童的，是因為家人和社會的漠不關心傷害了他們，是大眾對他們的偏見迫使他們放棄了自己。但是，我發現不論是誰都不能無視他們的夢想，不管是怎樣的夢想都應該被尊重，而且夢想可以改變一個人。我從中領悟到，我不帶任何想法拋出來的一句話對某人來說可能是他的全部、他的宇宙。他們都是我的老師。

這世界似乎沒有人試著去理解這些學生，累積了委屈與傷口的孩子試圖透過把自己受到的傷害轉嫁給其他孩子來緩解疼痛，或者藉由違反規則、採取激進行為來舒緩傷痛。我們都該清楚明白，凶狠地對待某人的話，那個人就會變成兇狠的人；隨意魯莽地對待某人的話，那個人就會成為魯莽的人；相反的，若是用愛來對待某人，那個人就會成為可愛的人；若是稱讚對方很美好，對方就會變成美好的人。就如同「在我輕喚他的名字之際，他向我走來，成為一朵花」[4]這句詩詞一樣，我們從現在開始也該看著映照在鏡子裡的自己並對他說：

「你是可愛的存在，你是花。」

不想成為被害者，所以當了加害人

接著是高中生秀晶對自己過去所做的行為感到後悔的故事。從進入二年級第二學期開始，一名和秀晶同班的學生就不再到學校上課了，不，準確來說是無法再到學校上課了，因為他自殺了。那名學生遭受了嚴重的霸凌，而秀晶正是加害者之一。

秀晶說當被霸凌的同學不再來學校的那天，被愧疚感包圍的她腦中浮現了國中時期的事情。秀晶在國中時受到了嚴重的霸凌。聽說當她在用餐時間吃飯的時候，會有同學在她的餐盤裡吐口水；有人會在她的頭髮上抹牙膏；椅子也曾在某天突然消失過。秀晶說當時讓她感到想死的瞬間不只出現過一兩次。

成為高中生後，她開始學說髒話，對很會玩的孩子們很好，還學會抽菸喝酒，她脫離了被霸凌的行列，成了有名的人。秀晶說她大概就是從那時候開始找人麻煩的，「我和你們不一樣，我現在不會被霸凌了，我現在有很多朋友，勢力也很強大」這是她當時的想法，她也說她擔心要是不找人麻煩、要是不打人的話就會回到以前的日子，擔心自己會被看不起。

秀晶說儘管她試著想忘記被自己找麻煩的學生不再來學校的那天，但她還是忘不了。秀晶把自己過去的故事、把被霸凌而受傷的故事告訴和她一起成為霸凌加害者的朋友，並說服他們不要再找其他人麻煩。

秀晶覺得在她遭受霸凌感到煎熬時，若是能有個人聽她述說自己有多麼痛苦，事情將會變得截然不同。秀晶認為自己會被霸凌都是自己的錯，都是因為自己太愚蠢、不會說些有趣的話、不會主動接近其他朋友搭話的關係才這樣的。沒能從這股情緒漩渦中逃脫的秀晶或許就是因為掙扎著想生存下來，所以才成了加害者。被害者就這樣成了加害人。

4.此為韓國詩人金春秀的著名作品〈花〉的其中一段內容。

請看著現在在你前方的人的眼睛，接著請看著那個人瞳孔裡的自己。就如同你希望自己能幸福一樣，也祈求對方能夠幸福；就如同你希望自己受到喜愛一樣，也祈求對方能受到喜愛，在你注視著的那雙瞳孔裡的，不是別人，正是你自己。

Chapter

2

人生是自己的，從自己開始關照起吧

替埋藏在想法和情緒堆裡的「自己」加油打氣

撕掉厚重的面具

以「虛假的我」活著這件事

我到目前為止換過六次工作，講師是我的第七份職業。我換了六份工作想要尋找的到底是什麼呢？

我辭職的原因是因為我想要活得更自我。我的夢想是做我想做的事情，並且活得「像我自己」。我不想要邊做我不想做的事情，邊戴著面具假裝我過得很幸福，我不想要追隨別人的目光，過著別人認為不錯的人生，就算在別人的眼裡看起來很微不足道，我還是想過我自己想要的生活。儘管我需要看人臉色吃飯、產生了社交恐懼症，但能讓我撐過這些的，都是因為我並不後悔我做的決定，那個遞了六次辭呈的決定。

我的人生必須是由我自己過的，很多人會說換六份工作並不是個簡單的決定，問我怎麼做到的？我的回答是：「因為我有我想做、而且我能做好的事。」

因為是「我」做的選擇，所以我必須對那個選擇產生的結果負責，也因為如此，我變得更了解我自己了；如果是別人要我做事情，產生那個結果的責任就會轉移到叫我做事的人身上，這樣就無法了解我自己是誰。我做過各式各樣的打工也參與了許多學校活動，藉由這些我累積了與眾不同的經歷，也是透過這些經歷，我曉得了做什麼事情能讓我開心，知道做什麼時能讓我忘記時間的流逝專注在其中，就是因為這樣我才能夠果斷地遞出辭呈。

許多上班族都為了要不要遞出辭呈而煩惱著。要遞辭呈一定有它的理由，但我希望那是為了尋找自己真正喜歡的事而做出的決定，也就是說，我希望遞辭呈並不僅僅是因為很累、因為難以堅持下去，而是為了走上真正屬於自己的道路而做出的舉動。我認為比起戴著面具活著，更應該要果斷地撕掉那層面具，儘管困難，也應該用真實的容貌走入這個世界才行。

尋找憂鬱的理由

「我覺得很憂鬱，但我不知道為什麼會這樣。」

這句話是從俊植口中說出來的。俊植是在企業體系的教育訓練中，帶領自己的小組獲得第一名的氣氛帶動王，所以當他說出這句話時令人感到十分意外。俊植說他覺得很憂鬱、心裡很難受，他想要找出導致這種情緒的原因，經過幾次諮商後，找到的原因竟然是「女朋友的期待和稱讚」這個出乎預料之外的答案。

「你在大家面前說話的時候最帥氣了！」

俊植在大學時是學生會的企劃部部長，俊植說女朋友是因為看到他具有領導力且能帶動氣氛的模樣才主動提出交往的。因為女朋友喜歡他這副模樣，所以他想要一直呈現出那種狀態給女朋友看，但他真正的個性其實是非常膽小且內向的。

自從父母在俊植小學四年級時離婚之後，他反而努力裝沒事、表現出開朗的模樣，每當他偽裝自己的時候，朋友都會覺得他很有趣，這讓他廣受朋友的喜愛與追隨。因為有過這種經驗，使得俊植即使有什麼心累的事情也只是獨自憂慮，不會表現出來讓女朋友知道，就算發生了難過的事，也會裝作很開朗的樣子。

戴著面具生活意味著心理與身體沒有同步。戴著面具生活會變成怎樣呢？自我會漸漸消失，最終只徒留面具，這是多麼累人的一件事啊？戴著面具的人，心會逐漸變得空洞，「真不知道那個人心裡在想什麼！」看著他的人還會產生這種誤解。就算沒有偽裝成開朗的模樣，會靠近你的人就會朝你走來，會離開你的人就會離你而去，比起在意別人的視線，更需要鼓起勇氣依自己心中所想的去表達、去行動，一定會遇到可以與真實模樣的你相通的人。我建議俊植先主動向女友訴說自己的疲憊與憂傷。

「要是她跟我提分手怎麼辦？」

「那就要認真考慮分手的事了。你希望女朋友愛著真正的你嗎？還是希望她愛著你扮演的氣氛帶動王這個角色？」

俊植經過了一番苦惱之後，在隔天和女朋友見面，坦誠地對她敞開了心扉。俊植為了告訴我這個消息而打了電話給我，他的聲音聽起來明亮了許多。他說女朋友是這樣說的：

「為什麼不早點說呢？你一定很累吧。」

要是能早點說出口的話該有多好呀？不過現在能把面具拿下來，已經是很值得慶幸的一件事了。只有真實地表現出自己的內心，才能活出真正的「自己」，如果只是一味地把真心埋藏起來的話就會腐爛，這就和積水容易腐臭的道理是一樣的。

人的身體也是一樣的。為了要讓對方看到自己好的一面，身體就會用力，拳頭也會不自覺地握緊，一緊張起來，原本自然流淌的情感就會停滯不前，一旦因滯留而腐爛，便會發出濃濃的惡臭。若你現在正為了讓對方看到自己好的一面而戴著面具的話，我希望你現在能趕快將那層面具丟掉。

人家總說比起化妝，卸妝更重要。就像是皮膚需要呼吸一樣，我們的心也需要喘息，當能夠全然以自我的模樣喘息之時，「我」才能閃閃發光。

脫下面具的三個方法

我曾經被人家說過是「彆扭的人」、「有距離感很難相處」，當時受到了不少衝擊，畢竟我一直以來都沒有做過會傷害別人的事，也不曾做出會遭人辱罵的事情，我自認為我已經很認真地在過生活了，但竟然被說「彆扭」和「很難相處」？這真的讓我感到十分困惑。

認識的人告訴了我原因，他說我在舞臺上展現的臺風是華麗且幽默風趣的，人們因為喜歡這種正面積極的模樣而想接近我，但我本人的反應卻截然不同，據說臺上的我和臺下的我是全然不一樣的兩種人，所以才會招來那些評價。我當時雖然想要反駁說：「在臺上工作時跟在臺下完全做『我自己』時怎麼可能是一樣的！」但是我並沒有這麼做，因為我也能體會到對方看到我臺上臺下的模樣時所感受到的混亂感。

但是，收到這種評價的難道只有我嗎？不管是因為公事還是私下的關係，我們都會依據需求隨時戴上面具，在主管面前、家人面前、朋友面前都有可能做出表裡不一的行動，甚至會覺得戴上面具更自在，又或者認不清自己現在究竟是戴著面具還是自己真實的模樣。

有些人會問說在群體生活中，為了要融入其他人不是或多或少都需要面具嗎？是的，畢竟誠實並不是萬能的，但是，我這邊所說的狀況不包含基於對對方的禮貌而戴上的面具，而是指隱藏真正的自己，隱藏到讓自己生病、也對對方造成不好影響的那種面具。別人可能會因為看不到你真正的模樣而對你產生誤會，也可能因為無法靠近你的感覺，而決定斷絕關係不再往來。

若是戴著面具的話，趕緊脫掉面具是很重要的，但這並不如想像中簡單，尤其是需要戴著面具的職業更是如此。

電影演員在電影殺青後最先做的事情就是脫離角色的身分，意思就是要趕快找回自己本來的面貌，雖然根據角色的不同狀況也會不太一樣，但要是沒能好好擺脫角色的話，就會因此煎熬許久一段時間。

聽說宗教領袖因為害怕在信徒面前展現真正的自我，所以連自家社區的澡堂都不敢去。也曾有位修女一直處在必須活得莊嚴神聖的壓力下，在第一次穿上粉紅色洋裝時表示之前受傷的心好像都被治癒了。

說到必須隱藏內心生活的職業，難道還有比「情緒勞動者」更辛苦的職業嗎？因為必須一直笑臉迎客，想必累積了不少壓力，根據韓國民眾服務產業勞動組織聯盟和勞動環境研究所調查的「情緒勞動從業者的健康現狀問卷」結果，全體作答者的30.6％曾經有想自殺的衝動，4％實際嘗試自殺過，而女性情緒勞動者的48.9％表示曾經罹患憂鬱症，由此可知這些人承受了多麼龐大的壓力。

因此我試著研究出可以脫下面具的好方法。第一個方法是要承認「臺上」與「臺下」是有所不同的，我對聽講的學員說過：「臺上的我和現在的我有點不一樣對吧？我本來就是個小心翼翼又畏首畏尾的人，為了戰勝這個特質，我開始站在人前講話，結果後來就成為講師了。」

接著要充分履行自身角色該做的事，也就是要認可履行自身角色時所做出的行為，「我原本的個性不是這樣的，為什麼會做出這種舉動呢？」、「這樣感覺有點偽善耶？」沒有必要產生這類的煩惱。要是有人讓你覺得難受的話，試著在心裡這樣說如何呢？

「就充分扮演好我自己的角色吧，那個人也只是在扮演他的角色而已，下臺之後，『珍貴的自我』就會展開雙臂站在那裡等著我，加油！」

第二個方法是在發覺自己戴上面具的時候，在情緒湧現時大口深呼吸，想像每次深呼吸的時候，就脫掉了一層面具。

第三個方法是辨別自己對對方的言語和行為所產生的想法是「真」還是「假」。假設主管對你說了很嚴厲的話。

「金代理，你怎麼把事情做成這副德性？」

聽到這種話的時候很容易就會覺得主管真的很討厭自己，在他面前也會變得畏畏縮縮的，這時就得學會區分「事實」與「自己的想法」才行。雖然犯錯導致主管生氣是事實，但我們無法得知主管是不是真的討厭自己，畢竟「主管討厭我」只是自己的想法，要是能辨別其中的不同，就能預防自己讓自己受傷的事情發生。如果能減少受傷的次數，便能防範基於防禦心態而戴上面具的情況，也能減少因為戴了面具而感到困擾的事情發生。

我在上臺演講之前都會預留一段讓自己和自己對話的時間。

「充分扮演好自己的角色，下臺之後就把面具脫掉吧！當我成為『完整的我』時是最棒的！」

若是不想說這種話的時候，我會這樣說：

「我喜歡我自己，我喜歡我自己，因為我是我，所以我喜歡。」

演講結束後我會對自己這麼說：

「做得好，很辛苦吧？沒事了。」

「和自己的對話」會帶來顯而易見的「好消息」。不管是在地鐵上、公車裡、開車途中暫時停下來的時候……就試著這樣子和自己對話看看吧。若能抬起右手輕輕地放在心上那就更好了。

「○○啊，今天很辛苦吧？但是不要忘了，因為你是你，所以是很珍貴的存在。」

我的人生不是誰的替代品

自己必須了解自己的理由

有些人從小開始就完全遵從父母的要求，過著沒有反抗的生活，因此這些人會比較沒有主見，習慣依賴身邊的人生活，不管是在餐廳選菜單或是買衣服的時候都要根據旁人的意見來下決定，還會在心裡安慰自己說「因為我的個性本來就這樣，所以大家都會理解我吧」。但是，自己都不了解自己卻又期望旁人能夠理解，這其實是一件很貪心的事情。要從「被動式活著的人生」到「主動過活的人生」，就必須先正視自己的情緒並認可它才行。

某次我去大學上課時，碰到有位女學生在飲料販賣機前和男友通電話，通話的內容傳進了我耳裡。

「寶貝，我喝什麼好呢？這裡有柳橙汁、寶礦力水得、葡萄汁，趕快幫我決定，我還要趕去上課。」

我們在餐廳的時候可能會跟著朋友的選擇一起點餐，去電影院時也有可能因為朋友而看自己不喜歡的電影，如果這樣的話，這種時候的「我」究竟會在哪裡呢？

我為什麼會依賴男友呢？

「我不想活了，活著和上學根本一點意義也沒有。」

這是大學生素熙一邊哭一邊跟我說的話，原因是男朋友。素熙說她和男友從大學入學開始就交往了，他們一起去學校、一起上課也一起吃飯，一週七天連一天都沒缺席，天天都會見面。

但是問題卻從第二學期開始浮現了，因為男友的母親經常身體不適的關係，所以男友選擇休學北上首爾，見不到原本每天都能看到的男友讓素熙覺得很難受。素熙在和我談話時，都只提到無法和男友見面的事情，看來她並沒有看到男友的真心啊，男友現在有多辛苦？男友的母親狀況如何？她的心裡根本不在乎其他事情。我詢問她知道男友的心情如何嗎？但素熙似乎只是用「腦袋」去理解男友的心情。

「我完全可以理解男友很辛苦，但是就算這樣，怎麼能連一通電話都不打給我呢？」

「會不會是因為男友現在的狀況導致他沒有餘裕可以打電話給妳呢？」

「……」

我小心翼翼地問了她：

「妳心裡是不是會感到不安？像是會懷疑『男友會一直對我這麼好嗎？』之類的。」

素熙一開始是否認的，但隔天她傳來了一封文字訊息。

「講師您說的好像是對的，我真的都只有想到我自己。我有一個妹妹，妹妹比我開朗也很會念書，她現在就讀高三，依她的成績一定可以進醫學系，是優異到只要選學校就有學校讀的那種程度。從小開始，我就很討厭被比較，不管是吃的、買的、有的，我都認為要比妹妹更多更好才行。我的父母把所有注意力都傾注在高三的妹妹身上，對我則是漠不關心，或許就是因為這樣我才會這麼依賴男友的，在男友也離開我身邊之後，總讓我有種爸媽的愛和男友的愛都被搶走的感覺。我很難過，這明明是我的人生，但裡頭卻沒有我自己，我應該怎麼做才好呢？」

「現在馬上就去轉運站搭上前往首爾的客運，然後去見男友，坦率地把妳心裡的話告訴他。」

想要以主角的身分生活就得先從尋找自我開始，「我的人生不是誰的『替代品』」，愛也是要從愛自己開始，要先有自己才會有對方。如果素熙能體認到自己的珍貴之處，就能進而感受到男友的重要性，如此一來也能體會男友的心情了。

人不是改變的對象，而是相識的對象

有位媽媽流下了眼淚，她因為處於叛逆期的國二生兒子很辛苦，她是在父母教育活動中唯一一位有爸爸陪同參與的母親。父母和子女之間究竟是什麼關係呢？和子女溝通不良有兩個原因：太執著或是太放任不管；和組員溝通不良的原因也是兩個：一個是試著要改變，一個是無視。和親愛的人開始溝通不良的原因其實就是面具變厚了，人會變嗎？當然會變，只要產生動機的話自然而然就會改變了。

但是人並不是用來「改變」的對象，而是要與其「相識」的對象。有位心理諮商師說自己因為腳受傷去了趟醫院，但醫生並沒有直接看他，反而只是看著螢幕和表格，心理諮商師說那時他才領悟了一件事：「病患不該是治療的對象，而該要與其相見、相識才行。」父母都會期待子女成長為自己所希望的模樣，要是沒辦法達成期待的話就會變得執著，而那份執著的重量就會原封不動地傳達到子女身上。

孩子明明就沒有說過想要做這個、想要成為那個，但父母卻擅自替他們做決定、擅自期待，甚至還對他們破口大罵。要是太過執著或是試著改變對方的話，就會開始看到那個人的「缺口」，還會只想到自己替對方做的事。

但是人就是要有點缺口才像人不是嗎？「詩人和琮長」的〈荊棘樹〉這首歌，第一段就是「我的內心藏著太多自我，沒有你的棲息地。」就如同需要有空間才能休息一樣，也應該留有讓家人、讓所愛的人休息的空間才行，唯有這麼做才能讓其他人進到你的心裡，也唯有這樣，你才有餘裕去看見對方的心。

恩熙直到現在都還無法忘記爸爸使用暴力那天的眼神及言語，她說自己必須吃安眠藥才能入睡，也不懂活在世上的理由是什麼，她認為不管怎麼掙扎著想要變好，關係也不會恢復到原本的狀態。

每當恩熙產生自殺的念頭時，她就會想到要是連自己都消失的話，母親會不會也跟著失去了人生唯一的希望？一想到這裡她就會打消那些不好的想法。恩熙現在雖然已經離開父母自己過生活了，但只要想到自己把母親獨自留在家裡就離開，便時常因此睡不著覺。

我小心地勸道：「要不要試著原諒父親呢？原諒不是要妳就這樣放過他，而是要妳從爸爸帶來的痛苦中解脫，這是為了因父親而難受的妳而做出的建議。還有，想到的時候就撫慰一下自己吧，對自己說沒關係，然後抱抱自己、安慰自己，告訴自己那不是妳的錯。」

當我們感到辛苦或熱情消減的時候，常常會有人說要回到初衷。關係也是一樣的，如果你現在對和周邊人們之間的關係感到疲憊，要不要試著回到初衷看看呢？關係裡的初衷就是指「像初次見面一樣」，也就是說，要把讓你感到難受的那個人當作走在街上第一次遇到的人，或是把家人當作初次見面的人。

我時常建議大家要「只想著現在這個瞬間」，意味著遇到朋友就要把注意力集中在朋友身上，工作的時候就只專注於工作。如果把人生的細小碎片累積起來，那些碎片就會在某個瞬間如同拼圖一般，拼出一幅有意義且有價值的人生。

我小時候非常內向也不太會念書，因為總是低著頭走路的關係，所以有了「沉思者」這個綽號，而且我也不擅長運動、不會踢足球，是個「什麼都不擅長」的孩子。越是喜歡的朋友，我就越不敢主動靠近對方，通常都要別人先來跟我搭話，我才會開口回覆。

由於在學校沒有什麼存在感的關係，電視成了我唯一的朋友，有一天我在看電視的時候，眼淚竟然莫名掉個不停。我也想像電視裡的主持人一樣，成為一個既開心又很會玩要的人，但如果想要成為那種人的話，我身邊就要有很多喜歡我的人才行，可是我卻做不到。

在那之後，我硬是把自己裝作一副很開朗、很會玩的樣子。國中的時候，每到休息時間我就跑到操場上去踢足球，但因為不擅長足球，所以總是只能盯著球努力地奔跑，結果在某一天，有一位塊頭比較大的同學故意讓我跌個狗吃屎，用腳踩著我的臉威脅我說：「不會踢就不要出來亂！」

自從那天之後我就不再踢足球了，取而代之的是，我開始練起個人特技。我會趁家裡沒人在的時候練習我的個人特技，然後在學校表演給朋友們看，漸漸地我的存在感開始慢慢顯現，我也開始主動靠近受歡迎的朋友，無視那些沒有存在感的同學。

然而，隨著時間流逝，我才意會到自己產生了嚴重錯覺，因為都和受歡迎的朋友相處在一起的關係，我就以為我和那些朋友是同等級的，但事實卻並非如此，我沒有辦法對那些朋友坦露我的煩惱或缺點，最終我發現，我身邊沒有半個可以傾聽我煩惱的朋友。

與此同時我也漸漸了解到其他事情，我開始曉得內向並不是一件錯誤的事情，也知道我雖然不會踢足球但我喜歡棒球，也懂了就算我不成為電視裡的主角也沒關係。

我知道了在討別人的歡心之前，要先討自己歡心；也知道自己必須先認可自己現在的模樣才行；知道朋友不是用來比較或是展現的對象，而是要與其相識的對象；還知道了，不管我是什麼模樣，只要我用真心靠近對方，喜歡我的人自然就會留下。

我愛你、我愛你、我愛你，緊緊擁抱住我自己

撫慰自己體內的「幼小自我」

我們現在已經成長為一名堂堂正正的大人，但在內心仍舊有一個畏畏縮縮、看著旁人眼色哭泣的幼小自我，我們都必須學著認可那個「幼小自我」並撫慰他才行，而且不要什麼事情都想靠自己解決，應該要試著表達出來，而會看旁人眼色就意味著想得到關愛，感到疲憊的時候就閉上眼睛，試著對自己這麼說吧。

「沒關係的，之前一定很累又很孤單吧，但是不要忘了，你一定可以克服的。因為在你內心深處具有充足的力量，而那股力量是完全屬於你自己。因為你是你，所以很珍貴。」

「媽媽不愛我。」

這是社會新鮮人仁慧很常說的話。仁慧在家裡三個孩子中排行老二，上面有一個姐姐，下面有一個父母老來得子的弟弟。她總是要接收姐姐穿過的衣服，並且習慣於追隨姐姐的意見，在弟弟出生之後，又更常受到冷落了。因為想得到父母的稱讚，她會主動去做那些沒被指使要做的事，結果卻讓父母認為她是不需要太過關照的孩子，反而就越來越少關心她了。

那時仁慧剛好在聽關於如何表現愛的課程，那是一堂講授要先向自己表達愛、也要向家人表達愛的課。恰好，隔週就是仁慧的生日，所以她傳了一封訊息給母親：「因為生日的關係，我收到了好多朋友的祝福，我覺得很幸福。收到多少，我就會多努力生活，媽媽我愛妳。」但是媽媽的回覆只有短短的「嗯，乖女兒。」，這讓仁慧感到十分失望。可是，就在當天凌晨，母親又傳來了一封簡訊。

生下妳之後這是我第一次有種我是媽媽的感覺，雖然那時為了照顧只相差一歲的姐姐和妳真的很辛苦，但看著妳哭鬧的臉，還有那望著我的眼神，一點一滴都是愛，也化作了我的力量。

之前從未聽過母親的這些真心話，仁慧說她從來不知道母親是這樣想自己的，收到那封訊息之後，她的想法變了很多。

「我很開心我的媽媽是一位給予子女很多關愛的媽媽，想到媽媽給了可愛的弟弟很多愛，我也不會再覺得難過了。」

仁慧說家庭的問題解決後，和朋友間產生的問題也都自然而然地解決了，某天還有朋友這麼問仁慧：「妳最近是不是有什麼好事發生？」

關心自己

要是喜歡上某人的話，就會把所有心力都集中在那人身上，「他喜歡吃什麼呢？」、「他喜歡穿什麼類型的衣服呢？」、「講到什麼時他會覺得開心，聽到什麼詞彙會讓他覺得煩躁呢？」、「要是邀他一起散步的話，他會開心嗎？」、「如果約他一起去看棒球的話，他會喜歡嗎？」光是想著這些就會覺得很幸福。

就算只有一半也好，何不試著把這些關心轉移一點到自己身上呢？我們不曾關心過自己為什麼生氣、怒火到底從何而來；嘴上說喜歡喝酒聚會的場合，卻不曉得是因為喜歡酒還是喜歡在場的人；說喜歡去咖啡廳，但卻沒關心過自己究竟是喜歡說話、喜歡傾聽，還是喜歡那裡的氛圍；要是有自己討厭的食物，也不清楚自己是因為沒吃過而討厭、小時候吃了之後拉過肚子而討厭，還是因為是父母討厭的食物而討厭。

自己為什麼討厭恐怖電影？吃了冰冷食物而腹瀉時，身體哪裡有異常？該怎麼做才會改善？我們總對這些事情漠不關心，但明明就這麼不關心自己，卻又完全無法容忍有人在自己的心上留下刮痕，而且還會沒來由地猜忌或嫉妒那些活得很好的人。

週末咖啡廳的角落位置總是會被年輕情侶們佔據，他們完全不會在意旁人的視線，只管盡情展現對彼此的濃情蜜意。有一次我剛好就坐在這種情侶旁邊，有一位女士進來咖啡廳時不小心讓包包敲到門板，包包上鍊子的部分大力地撞到了玻璃上，發出了很大的聲響，咖啡廳裡的人大部分都看向那個方向並且露出不耐煩的神態，但是坐在我旁邊的情侶卻好像什麼也沒發生一樣，只專注在彼此身上。

為什麼牽著手走在路上的情侶看起來會很礙眼？我們不曾試著去理解其中的原因，只顧著討厭和不耐煩。我們必須要釐清自己的感覺究竟是嫉妒還是孤單，搞清楚之後，只要誠實地認可自己的心中有這些情緒存在並接受它就可以了。如果覺得老夫老妻牽著手走路的畫面看起來很美好，那就盡力朝著那個目標努力就行了。

人家說自己看向外面世界的視線與觀望自己內心世界的心情是相同的，當你看到了某樣人事物而讓心裡產生了一丁點不自在的感覺，就要記得趕快關心自己，那是你的內心正在大喊「主人，請多關心我一點」的徵兆。

不愛自己的人，也不會有人愛他

英美對自己的外表感到十分自卑。英美說在她進入青春期之後，不知不覺就養成了和別人比較的習慣，看著藝人就會開始自怨自艾，胖胖的下半身更是加重了她的自卑感，也讓她變得討厭拍全身照，每當走在路上看到自己映照在玻璃窗上的身影時就會感到非常厭惡。她也因此減肥了好幾次，她身上穿的不是自己想穿的衣服，而是選擇可以完美遮掩身體的衣服來穿，最終還因為壓力過大的關係開始失眠。

在那期間，英美偶然看到了「不愛自己的人，也不會有人愛他」這句話，她因此回頭審視這段日子以來的自己。「要是能變得有自信一點的話該有多棒呀！每次拍照的時候我總是會站到最後面，擋住自己的身體……我為什麼要一直和別人比較，然後讓自己受傷呢？」

從那之後，英美就開始學著努力愛自己，她開始穿起了以前因為下半身比較胖而不穿的牛仔褲，也為了喜歡花的自己去上插花課，還因為喜歡拍照而開始兼職拍攝工作，就這樣，她開始一個一個面對、思考自己喜歡的東西，也決定要好好愛自己。

儘管起初並不容易，但在學會愛自己並認可自己之後，她開始會覺得以前和朋友對話時只要一有錯就顧著堅持己見的自己很幼稚，她開始改變自己，也開始穿上以前覺得丟臉而不敢穿的大學外套，以前總因為擔心會被別人輕視而不肯公開自己主修的科系，現在也可以理直氣壯地說出來了。英美這樣對我說：

我打算認可該認可的事情，不留戀於結果，只努力做到最好，能做到這點的話，我肯定會很帥氣又很美麗。我覺得我以後不會再害怕認可自己了，只要一邊修正一邊前進就好了，那不就是愛我自己的方法嗎？

不管是誰都會有創傷，不管是成長於經濟富裕的家庭或是貧困的家庭，不管是被霸凌或是遭到背叛，每個人都有辛苦和受傷的地方，若是去比較孰輕孰重是很荒謬的一件事。

如果你的目標是從過去的創傷裡獲得自由，那就不能閃躲或逃避那道傷口，因為逃避並不會讓你獲得自由，其實只要培養可以面對狀況原始面貌的力量，並且努力做到自己當下力所能及的事情就好了，結果是好是壞並不重要，重要的是自己是否能夠認可自己，有時或許會發現，有些傷口並不是別人造成的，而是自己給自己的。

我在演講結束的時候，都會和聽講學員一起做一件事。我會請他們閉上眼睛，讓背部離開椅背，挺起腰桿，放鬆肩膀或胸口的力量，並把右手輕輕地放在心臟上方，接著請他們說出自己的名字並跟著唸一段話。大部分的人剛開始都會有些尷尬，但只要繼續進行下去他們就會跟著做了。

「○○啊，這段日子以來肯定很累了吧，還好嗎？沒事的，不管有沒有人看著你，不管是否被誰認可，因為你就是你，所以很珍貴。因為有你，所以這個組織得以存在；因為有你，所以這個家庭得以存在；因為有你，所以大韓民國得以存在，所以不要忘了，在這個地球上，沒有任何人可以取代你。○○啊！我愛你。」

經過一段時間之後，就會開始聽見啜泣的聲音從四面八方傳出，尤其是五、六十歲女性的反應特別讓我印象深刻，大概是一直以來不管再疲憊都沒能好好關心自己，一句溫暖的安慰言語就足以深入撫慰她們的身心靈吧。

我希望大家在覺得辛苦的時候，都能試著靜靜地閉上眼睛和自己對話，不管身處何處、不管何時，都可以這麼做。和自己的對話不用花錢，又是力所能及的事情之中，最能夠好好關愛自己的表達方法。

有些人會問說：「我知道必須要愛自己，但是我感受不到自己的可愛之處，這種時候該如何是好？」當你覺得要找出讓自己愛自己的理由很困難的話，那就沒必要非得把理由找出來不可，你對於你自己而言，就已經是需要獲得關愛的存在了，不是嗎？若非得要找到一個理由的話，那個理由就會是——因為那是你自己。如果不是你自己的話，還有誰有義務去愛你呢？愛自己就如同空氣一般，它是實質存在的，只是感覺不到而已。

以下是我的學生在懂得如何愛自己之後寫下的詩。雖然這只是首一般人寫下的粗糙詩詞，但或許是因為這是在我很辛苦的時候收到的詩吧，我從裡面得到了許多安慰與鼓勵。

〈無題〉

——朴香周

我很認真地過活了，但總有種活得很隨便的感覺。
我以為我過得很好，但卻沒有我。
喊著要健康的人生，但身體卻總是不舒服。

三十一歲。
White out，世界變白了。
Burn out，無重力吞噬了我。
不動，不說，也遇不到。

三十二歲。
從腳底板開始的疼痛吞噬了我的身體，
委屈一擁而上，
讓我能活著、笑著、走著的所有理由，
就像是張空白支票。

還真脆弱啊，我的存在。

必須要理解我的存在，
必須向這股委屈和虛無詢問，

為什麼會來找我？

三十一歲。
三十二歲。

這兩年我所做的事情，
就只是如此而已，雖然羞愧，
但是現在我可以說出口了。

我問了說出口的自己，
怎麼鼓起勇氣的？

我看到了我那不能走跳的
躺著的我的家人，
哭了好一陣子。

只看向前方，沒能看到我自己，
雖然向某些人傳達了，
但卻沒有對內邀請我自己對話。

靜靜地，
必須要找到自己的碎片。

我喜歡的東西，
我感受到安定的瞬間，
我的心平靜下來的時間，
在鼻尖上滯留的香味，
可以展露自我的關係。

然後就到了今天。

三十三歲，八月。
還好我，
在笑著，
在走著，
在相遇著。

說出「好累」這句話有這麼困難嗎？

雖然你是在開玩笑，但我受傷了

二十多歲的裕善在小學時曾遭到霸凌，當時所造成的創傷導致她難以和其他人建立關係，所以當小學同學說要辦同學會時，她本來是不想去的，但想著就當作去打聲招呼，所以還是鼓起勇氣去參加了。裕善向我訴說了同學會時發生的事。

同學：欸現在才來嗎？出社會之後有交到一些朋友了嗎？妳六年級的時候超級不合群的耶，今天看起來還不錯啊，妳早該這樣子的。

裕善：嗯？

同學：說實在的，欺負妳的事都只是在開玩笑而已，但妳每天都跑去廁所哭，妳那時幹嘛這樣啊？就只是開玩笑而已啊。

裕善：我明明沒有做錯什麼事，但你們總是抓著我的小辮子取笑我、不是我做的事情也都推到我身上、散布奇怪的謠言讓我交不到朋友，你有次甚至還把我反鎖在教室自己就跑走了，原來這些都只是在開玩笑嗎？

同學：就只是說說而已妳幹嘛這樣？妳反應也太大了吧？

裕善：看來你想說的話只有這些是吧？在和你一起霸凌我的那些同學眼中，看起來的確可能就只是在開玩笑而已，但是從那個時候開始我就一直被霸凌的陰影抓著不放，害得我一直都沒有辦法和別人正常交際。即使是這樣，我還是想說至少要跟你們打個招呼，所以才來參加同學會的，但出現在這裡的我真是笨蛋一個。

同學：那個……

裕善：要把人變得那麼可悲的話為什麼還要找我來？在你們的眼裡我是什麼小鬼頭嗎？我是你們的出氣筒嗎？如果是要這樣對我人身攻擊的話，以後不要再找我了！對你們來說那些回憶可能沒什麼特別的，但卻是讓我痛苦一輩子的記憶，而且是完全不想要想起來的那種！其實我現在很想揍你一拳，但我忍下來了，以後也不用再邀請我來了，我一點也不想看到你們的臉！

據說同學們都嚇了一大跳。我從裕善那聽說這些事之後不禁發出了歡呼聲，這是我和裕善進行諮商的三年以來，第一次收到這麼痛快的信，裕善終於把那鬱結成一塊的心痛快地紓解開來了。

當然，我們都不能保證這樣一次的傾吐過程就能把糾結在心裡的疙瘩全都化解開來，找裕善去參加同學會且跟她搭話的同學也可能反省過以前的事情，只是因為太過羞愧所以沒能好好表達。但不管如何，裕善能夠把當時感受到的痛苦如實表現出來真的是件很了不起的事，我很想好好支持鼓勵這樣的裕善。裕善這樣對我說了：

「之前因為沒有辦法像這樣表達我的心情，所以對任何事情都表現得很負面，但是自從那天以後一切都好轉了。媽媽跟弟弟都問我說最近是不是發生了什麼好事，還說我臉上都開花了。」

裕善說她小時候被霸凌很難受的時候，沒有辦法向父母訴說自己的情況，因為當時媽媽正在住院，而爸爸對她而言則是個可怕的存在。

「妳是長女啊！心要像石頭一樣堅定不移！妳要是表現出懦弱的一面的話，弟妹們也會學妳的，知道了嗎！」

聽到這些話的裕善只好默默自我約束，不輕易訴苦。直到長大成人之後，她才向媽媽提起小時候的事，媽媽驚訝地說：「當時為什麼不說呢？媽媽一點都不知情，妳一個人該有多難受啊？」裕善聽到這些話後，流下了先前一直不曾掉落的眼淚。

我曾經因為看了一部叫做《宅男慢半拍》（Slow Video）的電影而哭了。在電影主角的眼中，所有東西看起來都像慢動作播放一樣慢吞吞的，所以不管天外飛來多快的東西他都有辦法抓住，取而代之的是，他必須一直戴著墨鏡才能維持視力，而且跑步的時候也不能跑一直線。由於無法從事一般工作，所以他在監視器管制中心任職，在某次工作時，他看見了小學時期喜歡過的人，並開始了他的單戀，結果又在某一天，他看見連續殺人犯出現在那位女性身邊，為了拯救她，他賭上了自己的性命，無視醫生警告過絕對不能跑一直線的忠告，直奔而去。後來女人避開了危險，朋友抓住男主角的手，詢問受傷的他說：

「你還好嗎？」

朋友的話就像是導火線一樣，男主角放聲大哭，並說：

「我好累，我不好。」

在那個瞬間，我就像壞掉的水龍頭一樣一直掉眼淚。活得和別人不一樣是一件多麼辛苦的事啊？而且感到疲憊的時候還不能喊累，那會是種怎樣的心情呢？我覺得朋友對男主角說的那句話，就像是在對我說一樣。

雖然有時候會有人靠近我並問我說：「你不累嗎？」但是每次我都會裝作沒事，嘴上也會說還好啊沒怎樣。有些時候明明是我該扮演那個朋友的角色，但我卻沒能那麼做。

真正的安慰是什麼呢？我是這樣想的：真正的安慰並不是說「加油，你可以做到的！」，而是要說「累了吧？覺得累也沒關係喔。」

藝人金濟東說他覺得難受的時候就會看著鏡子，伸出手輕輕摸摸自己的頭，然後說「濟東啊，很累吧？沒關係的。」來安慰自己，他說這麼做時不需要特地挑選場所，若是公共廁所的鏡子更好，就算被旁邊的人看到被說瘋了也不要在意。金濟東接下來補充的這句話讓我的心揪了一下。

「因為不那樣做的話，最後是我會先瘋掉。」

我個人沒有辦法說出我很難受的理由是因為怕父母會擔心、不想被妻子看到我脆弱的一面、單純不想讓朋友知道。裕善應該也是如此，在那小小的年紀遭受霸凌，她該有多麼害怕、無助且痛苦啊？但是因為怕父母擔心，所以只能閉上嘴巴什麼都不說。

二〇一五年曾因為中東呼吸症候群（ＭＥＲＳ）的關係，我有一個月的演講都被取消了，比起因為收入減少而難受，不能站在臺上所帶來的憂鬱感及空虛感更讓我難受數十倍，某個深夜我帶著憂鬱的心情打算獨自一人出門去看電影，妻子問了我要去哪裡，我本來是想要回答我要出去諮商的，但後來卻鼓起勇氣誠實地說了：

「我覺得心情好悶，可能是因為ＭＥＲＳ的關係吧，感覺好難受。」

妻子大吃一驚，因為這是她第一次聽到我說出很難受之類的話。要說出心情不好這句話，對我來說是需要很大的勇氣的，我一直以來的生活都扮演著乖乖牌的角色，對於要掏出心裡話這件事還是感到很彆扭的，但要是我一直不把心裡話表達出來的話，最鬱悶的人將會是最接近我的家人們。

我們為什麼會沒有辦法說出「好累」、「好難過」之類的話呢？我是因為不想讓父母擔心，所以就算孩子生病了也不會說，畢竟馬上就會好起來了，沒必要特地說出來讓他們擔心。

我回顧了一下過去的記憶，特別是很難受或生病時卻沒有說出口的那些兒時記憶。小時候要是媽媽流鼻血的話，爸爸就會把臉盆拿過來，也就是說媽媽流的血多到需要拿臉盆來承接，另外爸爸也曾在我小時候住院很長一段時間，但是我不記得我有從父母口中聽過「好累」這句話。

不知道是不是因為這樣？當忍耐變成理所當然且自然的事情之後，反而更習慣於隱藏並壓抑情緒，但我現在知道這並不是正確答案，所以我下定決心，「沒錯，覺得難過就是覺得難過」。

正視心裡的疾病

智賢因為父母在她小時候就離婚了，所以她是和繼母一起生活的。智賢說每當爸爸不在家的時候，繼母都會欺負奶奶、自己和弟弟，不只不給飯吃，挨打更是家常便飯，因為奶奶身體不好，弟弟年紀還小，所以能跟繼母對抗的就只剩下智賢了。

隨著繼母的家暴行為變本加厲，智賢轉而和還未安身立命的親媽媽一起住，看著母親獨自一人，連父親的責任也要一起承擔下來，還要辛苦地照顧奶奶、弟弟和自己，智賢只能堅強地長大，為了不露出難過、脆弱的模樣，反而表現出更開朗、更堅強的樣子。

但其實智賢的心底深處滿是傷口，那些傷口在經過壓抑、忍耐、掩蓋之後，反而變得越來越大了。後來她成了大學生、交了男朋友，生活環境也看似變好了，但是在知道父母離婚是因為父親外遇所導致之後，她變得無法相信男友的真心，反而試著想要從其他地方尋找愛。

智賢就這樣擁抱著無法向任何人訴說的痛苦生活著，然後在她二十三歲時得了恐慌症，和心靈一起變得脆弱不堪的身體、荒廢的生活環境，一切全都因為壓力而被放任不管。隨著沒辦法起身、整天只是躺著的天數日益增多，她甚至還想過要自殺。

在智賢經歷痛苦的時候，拉她一把的人正是她的母親和弟弟。雖然小時候是智賢在守護和保護弟弟，但現在是變成熟的弟弟在安慰自己，她向弟弟傾訴這段時間以來累積的情緒，稍微打開了心門，也開始慢慢被治癒。在和弟弟對話的過程中，智賢逐漸找回了自信心，也開始重新攻讀曾經是夢想的演技課程。智賢說：

要是把疼痛都埋藏在心裡、累積在心裡並放任不管的話，疼痛就會更容易化膿腐爛，請不要在現代這個忙碌得暈頭轉向的社會中自我隔離，我想告訴大家，只要再回頭看一次，就會發現有一道明亮的光芒正照耀著你。

累了就是累了，覺得憂鬱就是憂鬱。感到疲憊的時候喊累並不是表示「我要放棄了」，而是代表「我會繼續的」。「我覺得好累喔」並不是在「討拍」，而是在說「我不會放棄的，幫我加個油吧」，請用溫暖的眼神環顧四周吧。

說出「做不到」這句話有這麼困難嗎？

做不到的話就要說做不到啊！

我的第一份工作是在大公司，而且是間前景光明的電信公司。雖然放棄了主播這個原本的夢想，但是看到家人們，尤其是媽媽開心的樣子，我還是懷著感恩的心情開始了我的職場生活。因為是新進員工，所以剛開始就只做些影印、傳真、遞送文件等單純的業務，但在前輩去澳洲接受教育訓練後，事情發生了。上司問我：

「金承煥，你會用 Excel 嗎？」

「……會。」

上司交辦的事情當天就要完成，所以我眼前一片黑暗，我其實不會用 Excel，但是我想起了我在履歷表上寫的是 Word 能力「上」，Excel 則是標記「中等」。

「文代理一定也有看過我的履歷表。」

我等大家都下班之後，打開 Excel 教學書從第一頁開始看起，但因為實在是太沒頭緒了，我也想過「要不要過去問問對面其他部門的前輩如何？」，但想著想著又變成「如果他向文代理告狀的話怎麼辦？不行！我要自己想辦法解決才行」。就這樣，我在挑燈夜戰後好不容易把事情完成了，但是，隔天文代理把我叫去。

「金承煥，你不是說你會用 Excel 嗎？」

「是的，是有什麼問題嗎……？」

「你這個是用計算機一個一個計算後輸入的吧，這裡就出錯了啊！」

「好想找個洞鑽進去」這句話應該就是在這種情況下使用吧。沒錯，我最後因為不知道怎麼做才好，所以是一個一個敲打計算機後再輸入 Excel 的，真是太羞恥了，我也很怨恨那位去澳洲研習的前輩，但是這又能怪誰呢？「代理我很抱歉，我不會用 Excel」，要是當初能這樣說出來的話該有多好。

有些人對於不知道的事情沒辦法說出「不知道」，因為說了就感覺好像只有自己不知道，感覺好像只有自己不如別人，也不喜歡別人因此對自己產生負面看法。我就是如此，不知道的話明明只要開口問就好了，但我卻做不到，後來甚至連知道的事情也不敢說自己知道了。我很羨慕那些不知道就會直接開口請教、詢問的人，雖然現在不懂的事情都可以上網查，但是當時情況不同，不懂就必須詢問身邊的人才行，但偏偏問問題對我來說是最頭痛的事情。

勇氣是心意，自信是行動

小學三年級時，班導曾在上課時間問了一個問題。

「把鋼塊放進水裡會怎麼樣呢？」

「會沉下去！」

「這樣的話，為什麼用鋼鐵做成的船隻可以浮在海面上呢？」

我當時想要舉起手說：「因為船裡面都是空的，」但是直到課堂結束我都沒有舉手，第一個原因是因為我想在當時單戀的對象面前留下好印象，擔心自己會答錯；第二個是怕答錯了會被朋友取笑。在課堂快要結束時，班導開口說了：

「用鋼鐵做成的船之所以能浮在海上，是因為船身是空的。」

勇氣是在心裡浮現「好，就試一次看看！」的想法時產生的，而伴隨真正嘗試過後獲得的經驗所產生的就是自信心。勇氣是由心而生，自信則是伴隨行為而來，我以前是沒有勇氣的人，若是想要擁有勇氣，就要學著不去在意別人的眼色，沒有自信的話，就必須從培養勇氣開始。

有一天我收到了以下的文字訊息：

> 我常常思考關於自尊心的事情，也為了提高自尊心看了很多書，所以在聽講師您的課程時哭了不止一兩次，但是最近讓我感到心痛的一次是在講師告訴我們號碼的時候，我當下心想著之後一定要傳訊息給您，但當時在旁邊的朋友卻說了：「一定要把這個號碼存下來嗎？」我沒有辦法抬頭挺胸地說出：「今天的演講很棒，所以我會聯繫講師的。」反而是躲起來偷偷把號碼存下來了，我自己都覺得好鬱悶。

表達自己的感覺卻還要看別人臉色的那位學生，心裡想必是很難受的。「那個人會怎麼想我呢？」、「要是說不知道的話，我會不會被小看呢？」、「我這樣說的話朋友會不會不開心呢？」、「要是我退讓的話，狀況就會好轉，所以我就吃一點虧也沒關係吧？」、「因為我是長男（長女），所以必須要忍耐！」這類想法會常常出現嗎？

有這種想法的時候，請試著這樣想吧。在看團體照的時候，你會先看誰呢？想必是「自己」吧，如果把照片拿給朋友看，就算照片裡的你沒被拍好，但朋友一定還是會先在照片裡找他自己。你的創傷、你的自卑感，別人並不會給予那麼多關注。

所以我們必須要鼓起勇氣舉手才行，這樣的話自信心就會隨之而來，有了自信之後，就能正面迎擊自卑感了。身上出現傷口的話，就要好好治療傷口並上藥才行，不能因為怕被誰看到就把傷口掩蓋起來。心裡的傷口也是一樣的，只要展現自己最原本的模樣就好了，不知道就說不知道，只要試著去了解就可以了。

振英的年紀落在二字頭後半段，經常和女朋友吵架。振英說他生氣的話就會馬上表現出來，所以也都會先道歉，但也因此常常感到不滿，他自己生氣的話都會馬上道歉，可是女友卻非如此，就算和好之後也很難擺脫吵架時的情緒，這讓他覺得很討厭。

我建議振英要真摯地和女友好好聊聊這個問題。振英說當他誠實地向女友表達他的不滿，女友也小心翼翼地開口了，她說自己的情緒很難馬上好轉，需要花很多時間才能消氣，她對此感到很抱歉。振英在聽到女友說馬上道歉對她來說是件很困難的事之後，才發現原來自己一直以來都誤會女友了，女友並不是因為討厭自己才會有那些表現，她只是不善於表達情緒而已。

莉亞・海格・柯恩（Leah Hager Cohen）在《我不知道》一書中探究了為什麼我們會如此厭惡承認我們的無知，以及這樣的態度會帶給我們什麼不好的影響。我們經常會為了避免感到羞恥或是遭受排擠而拒絕說不知道，即使不懂也會裝懂，但是一直反覆說這種謊的話，就會養成迴避責任與隱藏弱點的習慣，這會使我們無法正常與他人締結關係，還會成為追求真理的絆腳石。可是，如果能接受並承認自己的弱點，就能和他人建立真正的關係，也能引來全新的創意。

我們為什麼不能誠實地表達自己呢？因為這是為了防止日後產生傷口或不適感而出現的防禦機制。但是，我們不能因此就害怕這些試煉與失敗的經驗，而是要完全接受可能會失敗的事實才行，就算什麼事都不做也可以，也不需要拚命制定對策來鞭策自己的身體。這在人際關係中也是一樣的，留了一條逃跑的後路還想要維持關係，這就是種不誠實的態度。若在相愛時留了一條逃跑的後路，那麼一旦有了新對策後，人就會逃跑了。

不管小石子有多麼尖銳，泥土都會接受並擁抱最原本的它。做不到、不知道並不是錯誤，而是在提醒你必須承認它最原始的面貌才行。

肯定並愛上原本的自己

覺得委屈難受時

大學生寶妍是個開朗且有魅力的人，但其實寶妍家裡有難以對別人啟齒的情況。從小開始，寶妍在學校都會表現得像是沒什麼問題一樣，但只要一回到家，喝醉酒就破口大罵的爸爸，還有每天都和那樣的爸爸吵架的媽媽，這些都讓她身心俱疲。

當她知道父母時常吵架的原因是為了錢之後，也曾頂撞說：「爸爸你為什麼不去賺錢？」然後挨打過。母親基於愧疚的心理，將寶妍送去補習班學習鋼琴，從那之後，鋼琴補習班就成了寶妍唯一的避風港，但是當她在比賽中得獎，打算開始準備音樂大學的入學考試時，媽媽卻勸她把音樂當作興趣就好，因為家裡的情況並沒有好到足以支持她上音樂大學。

寶妍說從那之後的三個月她每晚都在掉眼淚，她會不斷和在比她更好的環境中成長的朋友比較，內心懷揣著不滿的情緒過日子。寶妍這樣說了：

不論怎麼怪罪環境，現實也不會改變，所以即使我長大成人了，也搖搖晃晃著反覆跌倒了無數次，但之後我的腦中浮現了「這真的是我的極限了嗎？我沒辦法再往上了嗎？」的想法，也是從那時候起，我開始正視現實，認可現在的狀況就是如此，並為了過上更好的人生而努力著。

沒有人可以替我們的人生打分數，就算硬是打上分數了，那也不會是正確答案。萬一沒辦法從父母那裡繼承豐厚的財產，無法走上一條比別人輕鬆的道路，那就回到原點，老老實實地一步一腳印向前走就可以了，正因為那每一個步伐、每一個腳印，都完完全全屬於自己，所以才可以理直氣壯地生活著，如果只是責怪、埋怨、吶喊、厭惡，換來的也只是再次確認自己有多淒涼而已。

儘管走在比別人艱難的路上可能會跌倒、受傷、破皮或流血無數次，但那些辛苦的經驗最終都會成為你的力量，會「累」不就是因為「用力」過嗎？就像運動時也需要注入力氣，肌肉才會產生力量一樣，請務必好好珍惜那股力量，它會成為赤手空拳挑戰的你最堅強的護具。

東憲在打工面試時說了：「我打算先試試看，有趣的話就會一直做到最後。」因為是流動餐車的打工面試，所以在其他面試者中有人有廚師資格證，也有人有做過類似工作的經驗，但是老闆沒有選擇別人，而是選了東憲。

為什麼會這樣呢？聽說是因為老闆對東憲的回答印象深刻。雖然和「不管有什麼事，我一定都會做到最後」相較之下，感覺起來可能顯得比較沒有志氣，但反過來想，也可以說那是誠實且帶著真心的一句話。

東憲就這樣開始了他的打工，而且真的很享受其中。很多時候人們都會直接經過餐車前面，並不會特別注意餐車，所以必須要做些招攬客人的行為，這種時候也都是東憲率先主動出去跟路人搭話，在油炸食物時也會顧及到油可能會噴濺出來，親切地請客人後退一步，如果感覺快要下雨的話，就會幫忙多蓋一層蓋子。東憲就這樣一邊面帶笑容一邊工作，所以就算是排隊排很久的客人，也都是開心地接過食物離開的。東憲說：

「我因為覺得有趣所以笑了，沒想到我笑了之後，客人們也跟著笑了。」

因為某人的指使而勉強去做的事是很難享受其中的。有人說天才無法贏過老實人，而老實人無法贏過享受其中的人。我出門演講時都會像是要出門郊遊一樣，對我來說，演講不是因為不得已才去做的工作，而是像要去郊遊一樣開心的事情。

搭地鐵回家的路上感覺到前面有個東西在動，抬頭一看，發現是有一位女子正戴著耳機，看著映照在玻璃窗上的自己輕微地舞動著，我可以感覺到她是真心在享受跳舞這件事。

我十分羨慕那樣的勇氣與熱情，我從來沒有在公共場所裡專注到忘我過，雖然有些人對她漠不關心，但也有看著她偷偷竊笑的人，不過她似乎一點也不在意那些反應。認可並且愛著自己模樣的人是不會理睬周邊的視線的，就跟喜歡蘋果的人在吃蘋果的時候不會在意別人的反應一樣，他們並不會在吃蘋果時還要看別人的眼色，或是還要刻意表現出好看的樣子。

要是能愛護並認可自己，就能比別人看到更多自己，這樣的話不只是對人，也會對事物產生感情，會在每一瞬間都能感覺到全新的意義，如此一來，就能發現自己身體裡的細小變化，在遇到巨大的試煉時也能夠承受並戰勝它，並藉此找出隱藏在身體裡的自己。

當然，要認可自己的所有面向可能沒那麼簡單。對別人來說容易的事情，對你來說可能是困難的；對別人來說是理所應當的事情，對你來說可能並非如此；對別人來說管用的方法，沒有辦法保證對你來說就是對的。我並不是要你無條件接納一切，而是想告訴你，認可並不代表著認輸。

認可的話，心裡的花朵就會綻放

我小時候非常喜歡香港電影演員成龍，只要看了成龍出演的電影，我就會自己去運動場上模仿他的動作。

但在某個瞬間，我突然開始討厭成龍了，那是從聽到有人說我的鼻子和成龍的鼻子很像之後發生的變化。進入青春期後就會開始在意外表，當時最讓我不滿意的地方就是大大的蒜頭鼻，偏偏被說那顆鼻子和成龍的很像，這讓我很不開心。當我向媽媽發牢騷說：「都是因為像媽媽的關係我的鼻子才會長這樣。」媽媽就會哄我說：「沒聽過有耳朵大的有錢人，但卻有鼻子大的富翁。」可是對當時的我來說，外表比錢財更重要，所以媽媽說的話並沒有安慰到我。小時候只要照鏡子，我一定都只顧著看鼻子，但是現在的我卻很喜歡我的「福氣鼻」。

如果總是只看到自己不想認可的某個部分，或許就是因為你太過執著於那個地方了，執著正是因為無法從某個地方跳脫出來而產生的。我並不想要執著在我的鼻子上，所以我刻意開始關注我的眉毛，嘴上還會說著：「看起來和宋承憲的眉毛沒什麼兩樣嘛。」

請看著映照在鏡子裡的自己並試著和自己對話吧。看著自己的眉毛、眼睛、鼻子、嘴巴、耳朵、皮膚，看著自己的一切並說出：「謝謝，我愛你們，因為有你們一起來當我的臉蛋，讓我覺得很驕傲。」你肯定會覺得有點好笑，還會覺得「我現在到底在幹嘛？」覺得好笑的話就笑出來，請持續做到覺得很自然為止。在《秘密》一書中以「秘密專家」出現的約翰・迪馬提尼（John Demartini）曾說：「不管是什麼，只要我們想著並感謝的事情，就會朝我們走來。」如果自己都不認可自己的話，那麼不管別人有多麼認可你都是沒用的，因為別人的認可只會讓你感到不耐煩、欺騙或是嫉妒而已。

環境是環境，我是我

認可自身所處環境的力量

我一年大概會收到五十多個地方邀請我去演講，其中有一位打電話給我時總會問我：「您早上喝咖啡了嗎？」是位聲音很明亮、會讓人心情變好的那種人，不管是早上、下午或傍晚，他總是會用「您早上喝咖啡了嗎？」這句話來問候我，後來我們的關係變得很要好，好到若是行程有重複的話，他都會配合我的時間安排，可是在過了四年後的某天，打電話給我的不是他而是別人，我覺得有點失望，想著是不是發生了什麼事，一問之下才知道他已經離職了。因為他一句話也沒說就離職了，所以讓我覺得有點遺憾。

可是就在不久之後，「您早上喝咖啡了嗎？」他用熟悉的聲音打電話來了，我非常開心，問他發生了什麼事，他說他被挖角之後去了另外一家公司，因為忙得暈頭轉向的，所以直到現在才打電話來，而且聽說年薪跳了兩倍之多。三年後在我的推薦之下，他又換了一家公司，薪水又再漲了一點五倍。

我稱他為「早安咖啡」，當然他本人並不知道這件事。其實，我到現在還沒有見過他本人，對於完全沒見過的人卻感覺如此親近，甚至還推薦他到其他公司，竟然會信任到這種地步，不覺得很令人驚訝嗎？

在自己所在之處真誠地做好負責的工作，別人就會給予信任。後來我才從早安咖啡本人口中聽說，他的第一個職場是包含自己在內只有三名職員的小公司，雖然年薪比大學同儕少得離譜，但是早安咖啡還是很開朗，結果就是他的真誠態度獲得了認可，讓他得以在更好的環境工作。

要是對自己所處的環境感到不滿的話，就會從行為、言語、眼神中透露出來，只有本人不會察覺，但是周圍的其他人都能感覺到，只是不說破而已。現在的人生舞臺就是為了要前往下一階段的成長環節，所以必須認可自己現在的環境，認可現在的年薪，之後才會有更高的薪水，認可的心正是讓自己甚至是周遭的人前進的力量。

在走遍全國與許多人相遇後我感受到，很多人都沒有認可自身的舞臺。地方的大學生們因為不是在首都圈的大學、首都圈的大學生們因為不是在名校就讀，所以都對自己的環境感到不滿足。

這麼說來，難道名校的學生就都滿足了嗎？我遇到的一位名校學生已經吃了一年憂鬱症的藥了，那位學生在就學期間從沒有拿過全校第一名以外的成績，但上了大學以後卻發現，全校第一名的學生都聚集在這裡了，他無法認同沒辦法在這裡拿到獎學金的自己，也為此感到十分痛苦。那位學生確實很努力了，也很認真在過生活，但他卻沒辦法認可自己，他不斷和其他朋友比較，也為此而難受著，看到他這副模樣讓我感到很是惋惜。

靜熙在便利商店打工，她說她要試著認可自己身處的環境，也要試著以「主人公」的心態去工作，自從這麼做之後，她開始看到之前沒看到的東西，也開始聽到之前沒聽到的顧客聲音，她會建議店長把學生喜歡的零食換個位置擺放，看到找不到東西的長者時也會跑去幫忙找。靜熙很開心地跟我說，之前只要店長不在的話她都在玩手機，但現在打工的時間都過得飛快，常客奶奶甚至還送過禮物給她。

「脫口秀女王」歐普拉銘記小時候受過的苦難，她在全世界舉辦慈善活動，展開反對人種、性別歧視的改革運動，不只是在美國，她被選為全世界最具影響力的女性。歐普拉在被問及「是什麼東西造就現在的妳？」時，回答說：「第一是讀書，另外一個就是真實。」被問到什麼是真實時，她說：「就是認可現在自己身處環境的力量。」

非死不可的理由，必須活下去的理由

智善的哥哥是四代單傳的獨子，所以她是在與哥哥的差別待遇中艱辛地長大的，據說她曾在五歲的時候為了玩具和哥哥發生爭吵，結果導致她看了好幾天的眼色，一直都不敢從房間裡走出來。智善說她為了得到關愛而做了很多努力，但每次努力過後，得到的都只有冷淡的反應。高中二年級的時候，智善結束晚自習回到家，父親就因為她太晚回家而大發雷霆，她跟母親訴說自己的委屈，結果母親也生氣地說：「所以妳幹嘛那麼晚回來惹妳爸發脾氣啊！」那天，智善寫了一封信留下後就離家出走了。

智善走上學校宿舍的施工現場，當時正好要下班的老師發現了智善，聽了老師的話之後，智善的人生有了一百八十度的大轉變。

「用那個非死不可的理由活著，現在就死掉的話不是太委屈了嗎？還有，試著這樣想想看，就如同妳有非死不可的理由一樣，爸媽大概也有什麼理由吧？不要只是承受著，也要試著說出口，都沒有努力過就死掉的話，那不是太委屈了嗎？」

自從那天以後，智善開始用稍微不一樣的視角看待父母，後來得知了父母小時候的傷口，也開始感受到他們對自己其實也有些許的關心與愛意。智善在最後一堂課的時候，流著淚這樣說了：

> 過去我關上心門，一直把自己困在痛苦之中生活著，後來當我敞開心門再面對父母，我看到了許多之前沒看到的部分，彼此的關係也漸漸好轉了。儘管如此，還是會有些無法紓解開來的小情緒，開始採取「認同」的態度之後，面對父母時我不再會感到不自在，反而產生了惋惜且愧疚的心情。認可父親的原貌，認可原始的

我，這樣做之後，比想像中改善了還要更多事情。認可，正是恢復關係的第一步。

圍繞著我們的環境絕大部分都是比較而來的。假如我的身高是一百七十五公分，那麼一百六十九公分的人看到我大概就會說我高，可是一百八十公分的人就會說我矮。一旦開始比較就會產生判斷，先不論判斷的對與錯，在做比較的那一刻起就已經開始把人分類了。

我們並不會因為某人過得更辛苦而讓自己的痛苦感受減少，我們每個人都是七十億人口當中的唯一存在，地球上沒有任何一個人可以和你比較。

「我自己是很珍貴的人」，要想領悟這一點的話，就需要有承認自己缺點的勇氣，那股勇氣是在認可「我的缺點並不是我的錯誤」之後所產生的，為了讓人生能向上成長，認同自身環境是必要的。環境只是環境，環境不代表我的存在。

說出「最棒的」，就會成為最棒的

說出最棒的，看起來就會是最棒的

有一次妻子的阿姨來家裡玩，她和她媳婦的通話內容很令人印象深刻，所以我就記起來了。

「噢，是嗎是嗎，結束了啊，我們媳婦做得真好，謝謝妳嫁到我們家來，更謝謝妳被生下來，我們媳婦最棒了。」

阿姨掛了電話後我問她：

「您講電話的時候都是這種語氣嗎？」

「是啊。」

「您媳婦真的很棒嗎？」

「雖然是很棒，但當然還是有些做不好的地方。」

「那為什麼還是稱讚她很棒呢？」

「金女婿啊，常常說她很棒的話，她看起來就會很棒。」

阿姨的話讓我有了一些感悟，所以那天我就小心翼翼地向我母親說了這件事。

「媽，妳也可以這樣跟媳婦說說看嘛。」

「這種事非得要說出來才行嗎？電話費很貴，先掛了。」

我本來以為母親沒怎麼把我說的話聽進去，但隔天我回家之後，妻子問我：

「媽媽最近有發生什麼事嗎？」

「怎麼了嗎？」

「今天她突然打電話來，說只是想跟我說一聲謝謝。」

妻子一邊說著，眼角也逐漸變得濕潤了。有時候僅僅只是一句話也能成為一股很大的力量，就算一直強調言語的力量就如同魔法一樣能夠撼動人心也不為過。不過，要說出一句溫暖的話是很困難的，為什麼呢？是因為像我的母親一樣覺得不說出口對方也會知道嗎？還是因為自尊心不允許呢？仔細想想，好像是因為害羞尷尬才如此的，但其實只有第一次很困難而已，試了一次兩次之後就不一樣了。嘗試越多次就會越自然舒坦，而且反覆說出口的溫暖話語，不論是對自己還是對對方，都會成為很大的力量，如果因為尷尬而不做的話，就無法感受到那種韻味。就像妻子的阿姨所說的，只要對某人說他是最棒的，他看起來就會是最棒的。

就像「一語成讖」、「說出去的話好聽，回來的話才會好聽」這些句子一樣，言語的重要性是再怎麼強調都不嫌誇張的。池谷裕二博士在《海馬體》一書中提及，我們的大腦有想盡辦法追求穩定的傾向，所以具有對自己所說的話抱持確信態度的特質，只要懷著堅強的意志並把決心說出口，言語就會製造出全新的迴路，這同時也是不能對孩子說「跟你說你也不知道」的理由，因為這和言語的魔法是環環相扣的。

不好意思向父母表達愛意的民珠，有一天在課堂上這麼說道：

> 我很常和父母聊天，我們經常互相聯絡，頻繁到每兩天就會打一次視訊電話。因為我是「女兒」的關係，再加上我又離開他們在外地生活，所以父母對我總有滿滿的擔心，每次講電話的時候都會問「吃飯了嗎？」、「睡得好嗎？」、「今天狀

況如何啊？」我們也會聊各式各樣的話題，但我還是從來沒有對父母說過我愛他們，因為很害羞也很尷尬，所以一直沒能說出口，可是在聽到「吃飯了嗎？」、「睡得好嗎？」這些話也是父母愛的表現之後，我仔細地想了一下，之前考試期間因為很多事情卡在一起讓我很憂鬱，某一天，媽媽打電話來，「吃飯了嗎？回到家了嗎？應該很累吧？再加點油撐一下！」說完稍微停頓了一下，最後又接著說：「因為想要聽聽妳的聲音，所以才打電話給妳的。」我這才領悟到，原來當時那些話正是「我愛你」的另一種表現，所以我也想在太遲之前，試著對父母說一句「我愛你」。

因為強迫症而站在鏡子前的「我」

智英因為強迫症而痛苦著。智英說她對自己所抱持的想法大部分都帶有偏見與強迫性質，通常都是以「妳必須要很完美，完美的妳不會拖延要做的事情」這樣的想法為標準，若是不符合標準就無法接受自己，長此以往也開始出現了強迫症的症狀。

小學一直反覆做著同樣的行為時，她並不曉得那就是強迫症，也不曉得這會讓她這麼辛苦、這麼不舒服。智英在早上一睜開眼，總是會用同樣的順序、在同樣的時間去刷牙洗臉，家人無法理解那樣子的智英，曾說過：「她是不是有什麼毛病啊？到底為什麼要那樣？」哥哥甚至還罵過很難聽的話。

她也清楚心態是很重要的，也試著努力過了，但總因為不知何時又再次襲來的不安感而放棄，就在不斷嘗試與放棄的過程中，在聽了「對自己說話」這堂課之後，事情開始產生了小小的變化。智英養成了看著鏡子裡的自己並對自己說「智英啊！今天重複三次就好！」的習慣，神奇的是，自從這麼做之後，她的心理與生理都有了些微的改善，後來也慢慢改說「今天重複兩次就好」並減少了重複同樣行為的次數，而最近則是會對自己說「即使不重複，也不會發生什麼壞事的！」。當然，根植於日常生活中的反覆行為還是存在著，但想法已經轉變為「這種程度的話，生活還算過得下去」，心中也能懷抱著希望。

> 曾經多麼痛苦就會成長多少，曾經多麼怯懦就能挺起多少胸膛，我能夠再次挺起胸膛正是因為我不斷地自我暗示、不斷地對自己說「我愛自己」。只要先愛自己，就能擁抱傷痛。

如果有人認為像強迫症這樣的特殊狀況並不會發生在自己身上，那我們就來看看一則古老的奇聞軼事吧，這是建立朝鮮王朝的李成桂的故事。

某天，李成桂與無學大師一起散步，途中李成桂看著無學大師突起的肚子開玩笑說：「大師，你看起來像隻豬。」無學大師聞言回覆道：「陛下您看起來像佛祖。」李成桂頓時感到十分羞愧：「哎你這個人啊，我跟你開玩笑的話，你就回我玩笑話就好了，為什麼要說我像佛祖啊？」無學大師接著回答：「在佛祖眼裡只會看到佛祖，在豬的眼裡就只看得到豬了。」

依據你在你的身體裡種下怎樣的心，看待世界的眼光會有所不同，傾聽世界的耳朵也會聽到不一樣的聲音。法頂大師曾說：「花很美麗並不是因為花美麗，而是因為你心裡的花開了。」世界看起來像花朵，是因為你心裡的花綻放了，他人對你說的一句話，在你的心裡撒下了花的種子，而那顆種子會化作花香傳達給對方。

缺口讓我得到愛

要有缺口看起來才像個「人」

有位很親近的後輩曾在喝醉酒後向我說了這些話：

「承煥哥，讓我看到一點缺口吧，這樣看起來才像人啊，你懂我想說的是什麼嗎？就是如果哥喝醉昏倒的話，我就會把你背到我住的地方一起睡的意思。」

那天為了搭上凌晨兩點的末班車，我從鍾路一街步行到首爾站，但聽了那段話之後，路上一直覺得心裡像是有數百塊磚頭壓著一樣鬱悶難受。我在那之前都理所當然地認為不能讓其他人看見我喝醉的樣子，「為什麼要那麼辛苦地當一個完美主義者呢？」當妻子這麼問我時我還反駁她了。如果是在工作上的完美主義者，那還能獲取一些成果，但我卻是想要成為關係中的完美主義者，要是想在關係中變得完美的話，就得在每件事上都配合對方才行。

偶爾也會有覺得疲憊想要休息的日子，但只要有人有諮商需求的話，我就無法拒絕，也因為這種受到請託就無法拒絕的個性，我加保了很多個保險，借出去的錢沒能收回來的經歷也不在少數，我的口頭禪就是「Yes」、「Yes」、「Yes」，但這樣的行為背後並不存在我自己的自由意志或興趣愛好，所以我沒有喜歡的音樂類型或作曲家，也沒有什麼特別關注的電影，去ＫＴＶ的話也不知道要挑什麼歌，翻了翻歌單就會悄悄讓開座位，就算去了喝酒的場合，也總是因為說不出「我先走了」這句話，明明不擅長喝酒還是把酒杯清空，硬是待到最後。我一直以為我把生活過得很好，即使難受也會對自己說：「沒事，我自己吃點虧就好，這樣大家都開心不是嗎？」

但最終不論是對我還是對對方而言，都無法建立良好的關係，因為一段總是退讓的關係，是單方面且不具有真心的。我覺得自己不夠出色也不夠聰明，所以才產生了「就算聽不到別人的讚美，至少也不要被罵」的想法。

因為總是要確認旁人的視線與周遭的氣氛，所以我的神經天線一直都是全年無休在運作的，當我領悟到這是必須耗費非常多能量的辛苦差事時已經太遲了，會離開我的人已經離開了，覺得把我當空氣就好的人就不把我當一回事，當時我才覺得被定義成好人真的是件很悲慘也很悲傷的事，一股孤獨感就這樣突然席捲而來。

「你是殘障嗎？」成日從小就經常聽到這類問句，他其實沒有什麼特別的異常之處，只是因為走路的步伐比較特別，所以小學時的綽號是「跛腳仔」，每當朋友們問起「你怎麼那樣走路？」、「不會不舒服嗎？」、「是不是出意外了？」，成日都會說謊回說是被摩托車撞到了才這樣，他也因為好奇原因而去過醫院，但卻找不出病因。

成日說因為旁人看著他的負面視線實在太令人難受了，所以他在十歲時曾有過想死的念頭，那之後他努力想讓自己看起來像個正常人一樣，但卻反而讓自己更加心累，在理解自己讓自己那麼辛苦，受傷的也只有他本人之後，他決定要開始享受那些偷偷看他的視線，這也意味著他開始認可自己與別人的不同之處了。

在認可自己之後，要是有人好奇的話，他就會回答：「沒什麼特別的原因，我本來就是這樣走路的。」在擔任公益兵[5]執勤時，有人說：「登記為殘障人士的話，在社會上生活會比較方便，福利也比較多。」建議他可以登記為殘疾人士，但成日覺得自己不管是走路或跑步等日常生活都沒什麼問題，不想以殘障人士的身分生活，所以拒絕了這個提議。現在的成日在需要在現場跑跳的經紀公司工作，與其他職員並無二異。

大學生英錫認為自己是個缺點很多、有許多不足之處的人，隨著這樣的想法加深，他感覺自己度過的每一天都是虛無縹緲的，因為他既不是在名校就讀，讀書期間也沒有完成什麼大事，對於畢業之後要做什麼也很茫然。

而且他和女朋友約會時也會拿自己和別人比較，覺得其他男生看起來比自己更帥、更高、能力又好，最後甚至還跟女友說：「要是有比我更好的人，妳可以離開我。」女友聽到這段話後非常生氣。

5.韓國兵種之一。韓國男性公民在經過兵役體檢後會依不同狀況分級，根據不同級別，勤務內容與服役期限皆不同，公益兵（又稱公益勤務要員，二〇一三年更名為社會服務要員）主要負責公共服務，普遍被派遣擔任行政補助員、山林監視員、地下鐵站務人員、兵役業務人員等工作。

「你現在也已經很棒了，所以不要叫我離開，也不要說你會離開我，過去的你已經是過去的人了，現在的你只要為了將來努力就行，有不足的部分就補足，就像你對我一直都很盡心盡力，只要照那份心意去努力就可以了，你不總是會盡力把事情做到最好嗎？只要繼續保持就會變好的，我相信你。」

英錫聽到女友這段話後，才意識到自己這段期間以來太過意志消沉了。英錫是這麼對我說的：

「思考過後發現我對女友確實一直都很盡心盡力，對於所愛之人盡最大的努力正是我的魅力，但我卻沒有認可這點，可能就是因為這樣才會覺得自己的缺點很多吧，其實我只要像疼愛女友那般認可我自己、喜愛我自己就好了。」

想要完美並不是一件壞事，但是沒有必要一直保持完美。也沒有必要為了表現得優美帥氣而耗費心力，越是親近的人，就算表現得木訥笨拙也沒關係，不要因為被看到缺點而傷心，珍貴的回憶都是從缺口裡產生的。

Chapter

3

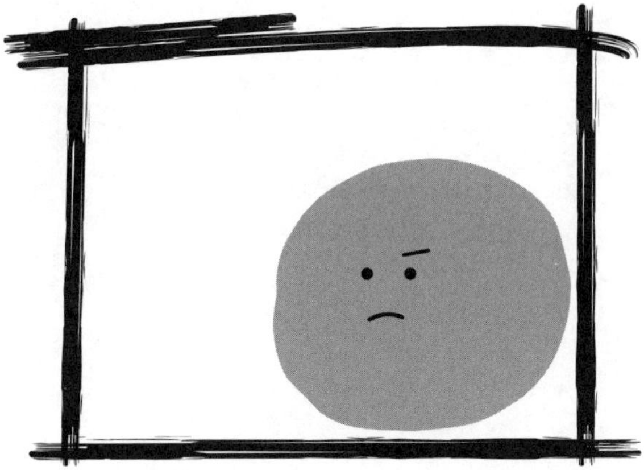

希望你不論身處
什麼狀況都不會動搖

讓傷痕累累的人不回到過去的心理訓練

用七個問題分析自己的情緒

媽媽不是希望我消失嗎？

瑞英是一位幼兒園園長，家中兩子都是小學生，最近小學三年級的小兒子讓她苦惱不已。某天瑞英叫了兩份炒碼麵要跟兩個兒子一起吃，因為孩子們食量不大所以只點了兩份，結果小兒子看到外送附的兩雙筷子竟發起脾氣：「為什麼我們有三個人，筷子只有兩雙？是叫我不要吃嗎？」一邊說著一邊把炒碼麵丟到地上。

育兒這麼多年來，瑞英從不曾過度斥責兒子，但那天小兒子沒禮貌的態度讓她無法壓抑怒火，忍不住動手打了他。瑞英一動手，小兒子就哭著說要離家出走。「你在胡說什麼！」瑞英嚇了一跳，怒斥道。「媽媽不是希望我消失嗎？」小兒子回答。瑞英感到眼前一黑，追問小兒子是什麼意思。

「媽媽不是說過『真不知道我為什麼要生你』嗎！」

兒子或許是聽到自己無意間說出來的話了，那句話當然不是瑞英的真心話，但那句話卻在孩子的心裡落地生根了，對孩子來說，那句話就代表了一切。瑞英說她當時將孩子攬進懷中，淚如雨下。

瑞英試圖與自己的情緒對話。「我為什麼會對我所愛的兒子說那種話呢？」、「我的情緒是什麼？」、「這種情緒源自於何處？」

我給了困頓的瑞英一張問題表，上面列了七個問題。誰都有可能因情緒激動犯下這樣的錯誤，重要的是能反思自己的情緒，不再重蹈覆轍犯下相同的錯。如果你也曾因為在無意間大動肝火而感到後悔，那麼可以試著回答看看下列幾個問題，在回答問題的過程中，應該可以摸索出一些頭緒，了解自己為何那麼生氣。

①你會在什麼狀況下生氣？
②對方說什麼話的時候會讓你生氣？
③你生氣的時候會有什麼反應？
④有什麼想跟對方說的話嗎？

⑤如果自己處於對方的立場會怎麼做？

⑥思考①~⑤的答案，並回答「為什麼會這麼想？」。

⑦如果要為自己的情緒命名，會是什麼名字？

瑞英是這樣回答上述問題的：

①你會在什麼狀況下生氣？

小兒子亂丟東西的時候，那對身為媽媽的我來說是一種反抗的行為，也是無禮的舉動。

②對方說什麼話的時候會讓你生氣？

小兒子說話無禮的時候，比方說他在人多的地方不對我講敬語就會讓我很生氣。

③你生氣的時候會有什麼反應？

我通常會忍耐。不會大聲說話，會好好地勸導對方，但是沒有效果。

④有什麼想跟對方說的話嗎？

為什麼你對爸爸這麼有禮貌，對我卻判若兩人呢？

⑤如果自己處於對方的立場會怎麼做。

言行失禮的時候，我會鄭重道歉，小心避免下次再犯錯。

⑥思考①~⑤的答案，並回答「為什麼會這麼想？」。

①我作為生長在父權家庭的長女，只要言行稍有失禮，就會被爸爸用籐條修理，或許就是因為如此，所以對於孩子沒有禮貌的樣子特別難以容忍。

②大兒子像我，舉止有禮，個性也溫和；小兒子似乎是像到爸爸，個性無拘無束，讓我不太滿意。尤其是和一群人共處的時候，總覺得只要他做出沒規矩的行為，大家就會認為是我沒有教好。我先生也一樣，和其他人在一起時會在言談間表現出無視我的樣子，令我覺得小兒子是受到他爸爸的影響才會有那些舉動。

③就算發火也只會讓情況惡化，還不如忍耐會更好。父親說過長女就要以身作則，這句話似乎一直刻在我腦海裡。

④我不知道該怎麼用言語向我先生表示對他的不滿，於是轉而將怒氣發洩在小兒子身上，小兒子似乎也知道這一點。

⑤這一點與其說是兒子該做的，不如說是我該做的。我想告訴先生他對我的輕視態度和語氣讓我心力交瘁，不那麼做的話會讓我覺得好累，進而將那些精神壓

力轉嫁到孩子身上。

⑦如果要為自己的情緒命名，會是什麼名字？

「惋惜」。

就這樣，總是壓抑克制的瑞英開始釋放自己的情緒。她表示自己太習慣隱忍積壓，沒有吵架的力氣，就連向別人傾訴、抱怨都做不到。瑞英說自己從小被父親教育身為長女必須要端正有禮、樹立典範，她討厭那樣的父親。幾天後，她向小兒子說起自己小時候的事，說著說著不自覺地哭了起來，邊哭邊覺得好像有某個深深扎在自己內心深處的東西綳開鬆脫了。

我也一樣，有時也會在不知不覺間浮現出討厭某人的情緒，心中也曾有過「要是那個人出什麼差錯就好了」的惡毒想法，就算會對自己的壞心眼感到驚訝，試圖抹去那種想法，但如果再次遇到類似的情形，仍會浮現相似的心情。然而，我們真的是因為那個人而生氣的嗎？我們憤怒情緒的真正源頭究竟來自於何處呢？

男友總是把「妳為什麼老是這樣？」當成口頭禪掛在嘴邊，感到受傷的映周因而決定與男友分手。「妳一個女孩子怎麼這個樣子？」、「反正妳做什麼都是那樣。」映周說她小時候總是從母親口中聽到這些話，沒想到連男友都說出類似的話，這讓她很難受，不過男友並不曉得導致他們分手的真正原因。

我問映周：「為什麼沒有讓男友知道這個狀況呢？」映周回答：「因為就算說了也不會有所不同，對方顯然不會做出任何改變。」映周表示以前也曾告訴母親自己因為她的話感到受傷，但並沒有產生任何變化。

「妳是怎麼跟母親說的？」

「就說『別再說了』。」

我告訴她，不要只是一個勁地說別再說了，而是要向對方準確地描述自己的情緒，是煩躁？是羞恥？還是被看輕的感覺？對男友也是如此，要對他說出「那時候我的心情是如何如何」。說出口不是因為期待那個人有所改變，而是為了自己。

映周對母親說：「我也想得到媽媽的肯定，每次媽媽說那種話，總讓我覺得自己被看不起，這讓我很難過，尤其是在弟弟面前說那些話的時候，更讓我覺得丟臉，也許那只是媽媽一時不悅隨口說的話，可是我真的很不好受。」映周說儘管當下沒有聽到母親向她道歉，但看到母親不知所措的神情，心裡已釋懷許多。

當人們無法理解自己的心情，便會被無以名狀的情緒籠罩，向對方發洩怒氣。

「都是因為你。」

「還不都是因為你那樣我才會生氣。」

「沒有你的話我不知道有多自由。」

真的是這樣嗎？從現在開始，即使很困難，也請務必找出自身真正的情緒。前面提到的七個問題能夠幫助你尋找情緒，如果不想把答案寫下來，也可以在心裡和自己對話，當你找出情緒的名字及為什麼會產生那些情緒的原因，就必須鼓起勇氣告訴對方才行。為情緒正名、向對方訴說，這麼做都不是為了讓對方產生變化，而是為了自己。

我有個很討厭的人

娜允的煩惱是在家教打工的過程中，變得越來越討厭某人了。

我的家教學生是一個高二男生，雖然學生有很多不足之處，但最初我認為這是會隨時間好轉的，所以我真的很認真地在備課。這位學生就像一張白紙，我必須從高一課程開始教起，但問題在於這名學生不用心的態度。我到他們家上課往返需要四小時，如果他沒有做功課，我就會留在學生家裡直到他寫完作業為止，也曾經在考試期間為了盯著他唸書而待到凌晨兩點，但是學生卻經常以生病或從來不曾提及的學校活動為由缺課，導致我不得不犧牲自己的時間幫他補課。不寫作業算是基本的日常，除此之外，他偶爾也會對我做出沒禮貌的行為，一開始我相信事情會逐漸好轉的，但過了十個月還是不見起色，我現在已經疲乏到了不能再疲乏了，如今光是看到他的訊息，心底就會湧生出一把無名火。我已經很久沒有討厭一個人了，不知道該怎麼做才好，父母都無法讓孩子聽命行事了，一個家教老師又怎麼有辦法改變孩子呢？是錯在我沒能成為一位好老師嗎？我只能做到這種程度而已嗎？我也希望自己不要討厭那個孩子，但卻不如所願。家教課程還有兩個月，我該怎麼做才好？

令人惋惜的是，娜允從來不曾向學生表現出自己的心情，如此一來，更容易為了自己付出的勞力與心力感到委屈，對方令自己失望的感覺也會隨之累積，長此以往，開始會因為只是看到學生的訊息就感到生氣，最終對那個人產生厭惡的情緒。

自己在心裡創作「劇本」是無法表現出情緒的人的特徵之一。在那份劇本中，自己成了單方面的受害者，而對方則成了加害人，對方對自己明明就沒有抱持著那麼大的期待，自己卻為他而操心又傷心。來聽同一堂課的同學們聽了娜允的故事後，都對她說「雖然難受但也只能這樣了吧」、「我們高中時也一樣，就只是不喜歡唸書而已」、「放寬心吧」。或許是從同學們的言談中得到了安慰，娜允的表情慢慢地明朗了起來。

若是難以理解對方的想法，那也沒有必要非理解不可。在了解對方之前，必須先了解自己，觀察自己的情緒，找出情緒的源頭，並承認自己的情緒，接下來再向對方表達情緒，讓情況有所改善就好。要是面對面談話有困難，那麼留個小紙條給對方或傳訊息也可以，只是不該期待對方有所改變或相信自己能得到想要的回覆，表現出自己的情緒由始至終都是為了自己。

有位朋友將分析自己情緒的結果傳給我看，一起來看看吧？

我申請上了自己夢想中的研究所。對條件不夠好的我來說，得在面試階段決勝負才行，但我卻沒能在面試中好好發揮，我抱著放棄的心態著手準備其他研究所，最後竟意外地收到了錄取通知，剛開始我開心得就像要飛上天一樣，感覺一切都順心如意，可是危機很快便找上門來。升上研究所之後，我別無選擇地進了自己不想要的研究室，沒辦法做自己想要的研究的話就失去了進入研究所的意義，我甚至還想過是不是該就這樣離開研究所。我有種眼前的一切都消失成空的感覺，不安、憂鬱、無力感接連來襲，心想不可能只有我一個人有這種委屈的遭遇，我還特意搜尋因為進不了理想的研究室而選擇退學的文章來看。當至今付出的所有努力都沒有意義的想法浮現，我變得什麼事情都不想做，我試著反思這種心情是源自於什麼樣的意念，我才發現不知從何時起，「我已經完了」的念頭已經在自己內心深處扎根，於是我反問自己：「真的一切都完了嗎？」我這才醒悟，自己還有可以嘗試的事情沒有做，就算真的放棄念研究所了也會有後續，事情並不會就此結束，最重要的是，籠罩著我的不安感和無力感漸漸消散了。

儘管想法會隨意志和意圖改變，不過負面情緒卻總跳過這樣的過程，一下子就湧上心頭，彷彿前段時間以來蓄積在體內的某個東西一擁而出的感覺。將憤怒的箭頭指向對方，先不說能否換來一時的痛快，但情緒並不會就此消散，依然會留在心中，無從消解的負面情緒會幻化成不同形態再度累積擴大，當這樣的過程反覆發生，久而久之負面情緒湧現的速度就會越來越快。

創傷就像是混合了情緒殘渣的泥水一樣，不去觸碰的話是一池清水，但提腳踏進去的瞬間，沉澱在底部的情緒就會浮上水面，而找出負面情緒的名字並表達出來，就等同於將泥水底部的情緒殘渣過濾清除的過程。

已經帶著這樣的個性生活了一輩子，要怎麼一下就改變？改變當然很難，但找出負面情緒的歷史脈絡，加以正名並表現出來，有助於減緩負面情緒湧現的速度，接著你就會在某個時刻意識到：「咦，沒什麼嘛？要是以前的話肯定已經生氣了，真神奇。」然後會開始從身邊的人口中聽到「你最近是不是有什麼好事？」這樣的聲音。當內在的負面情緒消退，喜悅的表情和開朗的眼神自然會浮現。

開始懂得欣賞盛開的薔薇，我們的心花也會跟著綻放。
開始懂得聆聽雨聲，代表幸福已經靠近。
開始看到孩子疲憊的眼神，代表已為人父母。
開始看到父母的背影，代表愛已在延續。
若讓負面情緒淤積，將無法感受這一切的美好。

調整心的平衡線

我和那個人不一樣！

我站在公車站，前方的人正在發牢騷。

「搞什麼！我還以為是濕紙巾，結果只有一顆糖在裡面！煩死了。」

那人說的是他收到的街頭派發的宣傳品。一直到公車來了，那個人的抱怨還是持續著，派發宣傳品的人明明沒有犯任何錯，那個人卻抱怨宣傳品造成了自己的困擾而煩躁著。

我們也會有像這樣將自身情緒的責任轉嫁到對方身上的情況。就像走在路上被小石子絆倒而對著石子憤憤不平一樣，我們常以事情發展沒有達到自己設定的期待值為由，將情緒的箭矢射向對方。若想調整心的平衡線，就必須轉換預期收到濕紙巾的期待、改變因為收到糖果而失望的心態才行。

美靜在家裡是四姐妹中的老么，她說自己最討厭的就是聽到母親說：「姐姐都那樣，妳為什麼這樣？」或是：「妳姐姐的話就不會這樣。」姐姐們都考上了大學名校，當美靜選擇了重考，母親老是會對她說：「既然都重考了，至少得考上個叫得出名字的學校吧。」每當聽到這種話，美靜總感覺自己的自尊一文不值。和乾脆果斷的姐姐們不同，美靜的個性優柔寡斷，無法專注於一件事上，也因此經常倍感壓力。

拿自己和他人比較的時候，通常會做出諸如「就是因為這樣所以我才成不了事」、「那個人是因為那樣才成功的」此類的判斷。縱使美靜因為被母親拿來比較而喪氣，但她仍然沒有否定自我或是嫉恨姐姐，反而選擇努力接受自己原本的樣子。美靜說，當她這麼做之後，她開始能看見自己的長處，也能夠克服面對姐姐時的自卑感了。

如果我跟姐姐們一樣，聰明又會唸書，而且不心猿意馬，能夠正視現實的話，我就能成為毫無缺點的人嗎？我不這麼認為，因為世界上沒有人是完美無缺的，相反的，也不存在沒有任何優點的人。我雖然優柔寡斷，但我的個性開朗，我雖然常活在幻想之中，但我的想像力豐富，言談有趣。我們每個人都不一樣，如果有誰跟我說你好像某人，我會告訴對方：「我和那個人不一樣。」

身為國際知名精神科醫師同時也是憂鬱症專家的艾力克斯・柯布（Alex Korb）在著作《一次一點，反轉憂鬱》（The Upward Spiral）中寫道，經常拿自己和他人比較的話，會活化腦內負責比較的迴路，這個迴路一旦活化，將容易陷入「他人一定也會拿我做比較」的思維，進而產生自己受到批判、被排除在外的感受。

所謂的自我肯定不等於無條件地包容並接受一切，而是認清自己心中存在著比較和評判的事實。若是渴望內心的平穩，重要的不在於喜惡，而是要維持不做評判的心態。當葉尖銜著露水到了極限，露水自然會滴落；當內心因為比較和評判而變得沉重，那麼就是時候讓它落下了。

想讓心靈保持平衡

在大學課堂上遇到的宣慧身上有很多值得我學習的地方。宣慧特別介紹了她讓心維持平衡的獨門方法。

讓心維持平衡其實比想像中來得容易。每當我內心有所動搖的時候，我會用兩種方法來改善。

第一，清楚掌握自己的優秀之處和不足之處，並承認兩者都是我的一部分。我自己的方法是把它寫下來，如果察覺到自己的不足之處，我會寫下當下的狀況和心態，寫完之後不會馬上讀，而是收集起來，每到月底再拿出來看，有時候會邊看邊笑，有時也會疑惑「我那時怎麼會這樣呢」，有的部分自然而然就改善了，但也有「我現在還是一樣啊」的部分。我不會刻意去努力修正缺點，但會在下次再遇到相同情形時，回想筆記上寫的內容，試著做出與前次不同的應對，從而一點一點看見自己的成長。每當這種時候我就會讚美自己，也會留下文字，記錄自己成長的模樣和讚美的內容，等寫到一百篇左右時再進行整理，從最常出現的內容中了解自己的長處。

第二，相信自己不論什麼事都能做得好。雖然面對新的挑戰難免會擔心「要是結果不好怎麼辦」，但對於尚未發生的狀況，還是要抱持著「我是最棒的！我一定能好好表現！」的信念，盡力做到最好，就算失敗了也要告訴自己「那又如何！下次能做得更好！」，如此面對挑戰時產生遲疑的狀況就會減少。該說是「命運取決於我的選擇」嗎？即使發生了負面的事件，也懷抱「人生就是由無數的岔路延伸而成，這種情況也是因我的選擇而招致的命運」的想法，接受狀況本身已成事實，相信「我會好好解決」並採取行動。

我從宣慧身上學到心境的平衡及對自身的堅強信念。曾經我只想看到對自己課程的好評，收到不好的課程回饋時，常認為是「這個人沒搞懂課程內容」，否定他人的意見，然而當我依照向宣慧學到的方式將想法寫成文字，我開始能夠客觀回顧自身，也變得能夠理解學生的想法了。如今我會將負面回饋和反駁意見儲存在手機中，並在每次上課前檢閱一次，這個做法成了我成長的基石，也塑造了我對於自身的強大信念。

透過「緣分」和「接受」尋找內心的平穩

我相信緣分。不只是人與人之間的緣分，我也相信各種狀況間的緣分。最初開始講課的時候，我必須離開原本生活的首爾，轉而在大田安頓下來，為了在異地生活，除了需要看房之外，還有許多瑣事要準備，花費也不容小覷，但是我決定接受這樣的緣分，「沒錯，看來我會在大田遇到值得愛的人，我以後不會孤單的，在大田應該會有什麼好事發生在我身上！」而事實上，我的確遇見了許多很棒的人，也累積了不少美好的經驗。

我在二〇〇一年發生了交通事故。我乘坐的車輛在雪路打滑，墜落橋底，我的手臂受了重傷，必須進行大手術，因此得住院一個月。

當時我正在攻讀研究所並進行大型研究計畫，但我沒有為此感到挫折。我心想自己會受傷肯定是有什麼原因，「同學都在認真累積實力，我現在待在醫院裡做什麼」的負面想法隨之消散，也能夠從無法為計畫收尾的自責感中解脫。獲得讀書時間補強不夠熟悉的主修科目，以及有機會聆聽同病房的長輩們述說人生故事，這些都令我心情愉悅。一旦接受這樣的緣分，就能正視「自己是住院中的病患」這個理所當然的事實。在接受現實的同時，也對於自己當下應當做的事情產生了執行的自信。

若是在碰上不好的狀況或事件時採取否定的觀點思考，最終吃虧的還是自己，不是嗎？反之如果試著控制自己的心往正面思考，事情反而常常會神奇地迎刃而解。不讓情緒隨情勢變化動搖，讓心情保持平穩，能做到這些都是很好的。

維持心的平衡看似困難，其實並非如此。之所以會生氣，是因為對方的行動不符合自己的想法，想法即是判斷，而判斷就伴隨著比較。不需要主動去比較，比較也會自然產生，就算不想看，看見就會產生比較；就算不想聽，聽見就會產生比較；即使不願意和朋友比較，這世界也不會就這樣放過我們。

我也常受到他人隨意的比較和評斷，這種時候必須帶著明確的意志和意圖練習如何擺脫比較，並且找到自己的方式維持內心的平衡。當然，做比較有時也能帶給人成長，但假如內心的平衡在受比較的時候產生動搖了，就該跳脫比較，找到內在的重心才行。思想和心靈都源於自我，所以「我」必須成為兩者的主人才行。

找回純粹心境的方法

播映心之電影

我們的日常生活過得有多匆忙呢？搭乘地下鐵時，乘客個個眼耳手都忙個不停，我也曾看過某個在休息站吃著泡麵的人，他嘴裡吃著泡麵，一下邊滑手機邊聽音樂，一下又講電話講到一半彎下腰撿掉落的發票，看起來手忙腳亂的，我懷疑那個人真的能嚐到自己口中的泡麵是什麼味道嗎？

如果連自己昨晚吃的晚餐是什麼都想不起來，就不能算是真正吃過了晚餐。不只是吃飯，大家或許都有和其他人見面時無法專注於眼前的人，分神掛念其他的事而失禮的經驗吧？庸庸碌碌地度過每一天，「我真的有好好生活嗎？」的疑問總會在某些時刻襲上心頭，也會有身體雖然忙碌，心靈卻十分空虛的感受。

當一天結束，我會躺在床上闔上雙眼，靜靜地回顧一整天發生的事，從一早起床到晚上回到被窩為止，依序反思自己的一天，我把這個活動稱為「播映心之電影」。

就如同看電影時，即使出現不喜歡的臺詞或場景也無法走進銀幕改變電影內容一樣，這個活動不是為了修正一整天發生的事而做，只是如看電影般單純地觀賞而已。此時不能投入感情，也不能對狀況下判斷或做比較。舉例來說，在播映和朋友對話的場面時，不該做出「那時我不該說那種話，我說錯話了」的判斷，也不該對他人產生「他那時太超過了，這麼做可不行！」的判斷，只需要單純地觀看原本的情境，回溯「我說了這些話，朋友說了那些話」就好。

只要抽離感情和主觀判斷，就能以客觀角度看到自己的模樣。還不習慣這個活動的話，有時會在心之電影播映的期間睡著，也會在過程中受其他雜念影響，不過不要緊，有睡意就睡，錯過的話就再從頭重新開始就好。

試著播映心之電影的話，偶爾也會有意料之外的幸運找上門來。我課堂上的一位女學生某天丟失了珍貴的腕錶，一整天翻遍了學校各個地方都想不起究竟是在哪裡弄丟的，怎麼也找不到，不過就在當天晚上，她在播映心之電影時回想起了遺失手錶的地點。心態慌張不安的狀態下，難免容易想不起來遺失物品的情境，但透過播映心之電影，隨著心境平穩下來，當下的畫面便會浮現出來。

另外，播映心之電影也有助於消除負面的想法，就算不去費力遏止負面思考，負面的想法自然會在過程中消散無蹤，而且在心境沉靜的狀態下回顧自己的一天，也會比較容易入睡。

腦部會在我們睡眠期間進行高難度的活動，主管記憶的海馬迴擁有約一千萬個神經細胞，負責在我們睡眠時整理訊息。唸書時無法理解的部分有時睡一覺醒來就懂了，正是因為我們的大腦徹夜執行了突觸交換訊息的高難度作業，在睡前播映心之電影之所以有益也是出自這個原因，大腦會在睡眠期間認真工作，為我們整理一整天發生的事。

其實不只睡前，我在白天也會播映心之電影。講課前，我會在停車場或安靜的地方播映五分鐘左右的心之電影，除了梳理課程整體的流程，也會思考課堂上要聊些什麼，這麼做有助於更真誠熱情地拉近和聽講學員之間的距離。

如果說在睡前播映心之電影是播放已過去的一天，那麼在白天播放心之電影則可以說是播放對未來的預想。我經常以想像課堂結束後學員們起立鼓掌的模樣做為心之電影的尾聲，令人驚喜的是，每當我這麼做時，我真的總會在課堂的最後獲得學員們起立拍手的掌聲。

難道是出現奇蹟了嗎？其實是每當課程結束時，我會提起播映心之電影的話題，並邀請臺下的學員為聽講的自己獻上掌聲，如此一來大部分的學員都會笑著鼓掌。

二〇〇六年播出的ＫＳＢ紀錄片《心》中出現了有關「意象訓練」的實驗。「心智訓練」或「想像訓練」等精神訓練法指的是不運用身體肌肉，而是透過內心想像自己正在進行肌肉運動。

實驗對象進行了想像訓練，他們將手臂或手指放在特定部位上透過意念強烈收縮肌肉，訓練時間為十至十五分鐘，每十秒透過意念強烈收縮肌肉一次，共反覆五十次。經過四個月的訓練，結果年輕人和老人的肌肉都強化了百分之十五左右。

人類的大腦無法清楚分辨想像和實際行動，在反覆的想像之下，腦部會協助身體實現想像。據說運動選手也會進行意象訓練，想像自身在比賽中獲勝或獲得佳績，紀錄片《心》中也出現了舉重選手想像自己成功舉起目標重量的畫面，這正是為了能夠實際舉起該重量的準備過程。

重複無數次的練習，技術或動作就會成為習慣，進而在實戰中下意識地發揮出實力。意象訓練也可以運用於日常生活，請試著在重大會議、發表或重要的會面場合前，想像自己表現出色的成功模樣，想像很快就會化作現實的。

建立強大自尊的三種方法

第一種，表現出情緒

旻玄自小就因為異位性皮膚炎、小心翼翼的個性和矮小的身材受到霸凌。旻玄的夢想是建立自己的家庭。旻玄因為異位性皮膚炎藥物的副作用而罹患庫欣氏症候群，外貌有所改變，軀幹與四肢相較之下變得過粗，臉部漸漸變圓變大，因肥胖而下垂的腹部由於女性荷爾蒙增加甚至出現了女性化症狀。

隨著外貌發生變化，旻玄失去了和其他人面對面的自信，他抱持著「反正其他人也不理睬自己，自己過得開心就好」的想法，在電玩和暴飲暴食中度過了十幾歲的青春，直到成為大學生之後，他才想起被自己遺忘已久的夢想。

然而，逼近一百一十五公斤的身軀、因異位性皮膚炎而慘烈的皮膚，這些都讓旻玄面臨了艱難的考驗，不僅女同學對他避之唯恐不及，就連男同學也不太想和他有交集。雖然旻玄曾在二十一歲時因入伍而成功減重了二十四公斤，但他說那是忍受著難以言喻的恥辱和暴力才換得的成果，也因為旻玄從來沒有交過女朋友，他始終擺脫不了「母胎單身」、「腦殘廢物」等帶著偏見的標籤。

旻玄曾割腕，也曾過量服藥。旻玄意識到這樣下去真的不行，所以在復學後至死方休般地用功念書，結果他得到了教授的肯定，獲得了協助出題和輔助研究的機會，系上同學們也開始親近旻玄了。

旻玄以為他的春天終於要來了，可是春天並沒有到來，反而是進入了另一個寒冬。新交的朋友一再強迫他流出考題和課程資料，「這個人比起我，更重視我具有的知識或其他東西」、「原來我比那些東西還沒有價值啊」這些想法盤踞在旻玄腦海中，讓他陷入了苦惱。「我究竟有什麼問題？」、「我為什麼想和其他人親近？」、「我要靠什麼才能變幸福？」、「真的談不了戀愛的話是不是乾脆就此放棄更好？」某天旻玄問我：「像我這樣的人，為什麼越是想要得到愛，卻會變得越不幸呢？」

旻玄的故事令我感到不捨。不捨的原因之一是旻玄身邊所有的人——包含家人——沒有任何一個人給過旻玄的心一個溫暖的擁抱；原因之二則是，因為他人帶給旻玄的傷害，導致旻玄戴上了有色眼鏡來看待世界。

我建議旻玄寫信給我，每週至少寫三天。我請他當作像在寫日記一樣，坦率地記錄下一整天發生的事情以及從中衍生的情緒，寫完後再把信寄給我。

旻玄很遵守約定，每週有五天以上都會寄信給我。最初幾週負面詞語和情緒佔了內容的絕大部分，但隨著時間過去，他漸漸開始坦誠地檢視自己的情緒，看待世界和他人的尖銳目光與情緒也一點一點地軟化了。

旻玄之所以好轉，是因為他學會表達發生在自己身上的狀況和情緒。旻玄對我說道：「說來神奇，我可以感覺到每天寫信帶來的變化，雖然難免還是會有情緒起伏較大的時候，不過我最近在街上看到挽著手的情侶已經不會感到忿忿不平了。透過以客觀角度看待自己的情緒，我學會接受自己原有的面貌，現在光是為自己著想的時間都不夠了，謝謝老師。」

如果要說我在與超過三十萬人交流的經驗中領悟了什麼，那就是「無論是誰都有自己的創傷，而且大家都想將那個傷口隱藏起來」。比起沒有夢想、沒有錢，更痛苦的是沒有人傾聽自己說的話，即使朋友再多，若是沒有一個能自在說心裡話的對象，也無法快樂起來。

不過我們必須了解到，很多時候不是朋友不打算聽，而是我們沒有做好敞開心扉的準備。當你打開心門，朋友也會為你敞開心胸的。

我們都要知道一件事，自己的痛苦並不是只有自己能懂，無論是透過談話、寫作、繪畫或歌曲，都務必將自己內在的創傷傳達出來。我們難免會對於說出創傷這件事感到抗拒，也會擔心他人對自己會有什麼看法，可是就如同不該把濕衣服放進衣櫥一樣，我們也必須把受傷的心拿出來，就像衣服要有空氣和風的吹拂才不會損壞，傷口也需要拿出來接受治療才行。

第二種，肯定自己，不與他人比較

據聞已故的姜永祐博士在美國小布希政府時期擔任白宮政策顧問期間，曾針對「人類無法善用神所賜予的所有能力的原因」這項獨特主題進行研究，令人驚訝的是，該原因是——自尊感不足。

自尊和自我肯定的態度對於保持健康的自我十分重要，既然如此，自尊感為何會不足呢？當人們把自己和別人拿來比較，甚至還貶低自己時，就會削弱自尊感。自小聽著「不行」、「不可以」、「別人都做得這麼好，有什麼是你擅長的啊？」等負面言語長大，就有很大的風險會成長為一個自尊心低落的人。

所謂的「自尊心」，簡而言之就是「肯定並珍愛自我」。遺忘自己真正的面貌，汲汲營營於獲得他人的喜愛及肯定，無論是悲傷、痛苦都展露笑容，無條件裝出體諒他人的模樣，長此以往將會失去真正的自我，有時還會發生嘴上說著沒關係，淚水卻從眼角滑落而下的情況。

睿恩的父母在她小學五年級時離異了，但睿恩並不會把自己拿來和他人做比較。當然，起初睿恩也受到了劇烈的打擊，父母離婚後，睿恩的自信心消失殆盡，每當面對在幸福美滿的家庭長大的同學，她就會戴上面具，她怨恨父母，對自己的處境感到悲觀，成績一落千丈，也失去了對一切事物的興趣。

不過隨著時光流逝，情況一點一滴地好轉了。首先是每月可以和父親見一次面，父親在離婚後依然持續和睿恩保持聯絡，給予她關心和支持，父母離異帶給睿恩的陰影因此逐漸消散。其次是多虧有了小自己八歲的弟弟，睿恩說，她認為自己應該要保護可愛年幼的弟弟，這樣的想法最終延伸為必須要認真生活的決心。

> 我認為自己無論是在生理或心理方面，都是在比其他離婚家庭還要富足的環境下長大的。一直以來不管是人或事物，我都在與所有東西做比較，但越是比較，變得越辛苦的卻是自己。生而為人，無論是誰都有自己的創傷，不過傷口的大小並不重要，重要的是接納傷口的心有多大。

第三種，從自信感開始建立

我久違地騎上在陽臺閒置已久的MTB自行車，結果後輪卻消風了。為了替輪胎打氣，我前往自行車店，卻在路上遭到許多人的側目，不輸專業選手的自行車專用服裝、安全帽、手套和車鞋，穿戴著一身完美裝備卻沒有騎車上路，而是扛著車在路上走，看起來的確醒目。沒想到，自行車店沒有開門，我最後只能轉身扛車回家。

運氣這麼不好，興許是自行車不甘於遇上壞主人而無法盡情奔馳，所以對我使了壞心眼。有人說不常見到面的話心也會跟著疏遠，我似乎就是如此，明明是發下宏願購入的腳踏車，卻一直放置不理。器物尚且如此，何況是人呢，不常把愛表現出來的話，愛也會日漸消風，同理，倘若不對自己傾注關心和愛，自尊感也會像消氣一樣隨之消滅。

永勛體會到如果想要提高自尊感，應當先從顧全自信感開始。

自信感似乎是環環相扣的。我之所以能一一戰勝自己的自卑情結，讓內在與外在都發展為成熟的狀態，契機始於我對服裝產生了興趣。以前的我因為對自己的外貌沒有自信，所以不怎麼喜歡購物，不過在某天，我突然有了「比起長相，重要的是找到適合自己的風格」這樣的想法，從那天起我開始積極購物，當我漸漸能夠掌握自己適合什麼品牌、顏色或風格，也開始對購物產生了自信。以往因為害怕看店員臉色而不敢輕易靠近的名牌專櫃，現在即使沒有一定要消費也能夠自然地踏入，有什麼想問的就問完然後大方離去，某次專櫃經理告訴我現在消費的話可以有七折優惠，我直接回應對方「我打算明年再買」，如果是以前的我，只要店員一推銷，就算是原本不想買的東西我也會勉強買下的。我明明就喜歡籃球，過去卻因為身高矮小而甘心屈居於替補球員，但我現在已經可以大大方方地做為主力球員上場了。我感覺得到，坦蕩且充滿自信的心態使我的自尊感也一同提升了。

羅馬不是一天造成的，一口吃不成胖子，自尊感也必須一階一階往上建立才行。沒必要因為朋友可以一次提升兩階而產生比較心態，只要認同自己也有屬於自己的速度，按照那個速度往上提升就好，你有可能會跌倒，也有可能找不到人拉你的手一把，但沒關係，自尊感就是這樣靠自己一點一滴慢慢累積起來的。

「我們為何會跌倒？這樣我們才能學會如何站起來。Why do we fall sir? So that we can learn to pick ourselves up.」

——電影《黑暗騎士：黎明升起》

用自己的聲音擁抱情緒

即使是責備，也希望是痛快的責備

這是在為了學習發聲和表達而接受演技訓練的時候的事了。演技老師給了我含有嚴重辱罵字眼的臺詞，要我嘗試看看，雖說我已經以自己的標準試著充滿感情地表演了，但這並不是件容易的事情。「你這輩子沒有真的罵過人吧？」演技老師笑著問我。

強烈而自由的表達方式並不等於一定會給他人帶來傷害，也有人會對此產生警戒心，認為「表現得太過強烈的話不就會變成壞人嗎？」，可是自由地表達就單純只是在自由地表達而已，如果有人會因此受到傷害的話，那受害的也會是無法確切表達的人，而不是接收表達的對象。明明內在有著素未謀面但強大而出色的自我，卻在心中設下馬奇諾防線[6]，蟄居於其中，這樣不覺得太委屈了嗎？越過表達的馬奇諾防線吧，如果我們體內有未能釋放的能量，就必須把那股能量往外散發出來才行。

當我開始能消化一開始覺得很棘手的辱罵演技，心情便奇妙地變好了。心情莫名變得痛快，有種壅塞在體內的某個東西被打通的感覺，「我心裡想破口大罵的慾望竟然這麼強烈，原來我平時都在過著壓抑忍耐的生活，我內在的馬奇諾防線竟然這麼厚實高聳啊。」腦海不由自主地浮現了這些感想。

接續在辱罵演技課程之後的是表演時間，表演內容是曾經感到又生氣又委屈的情境。我以我過去真的很討厭、總讓我受委屈的上司為對象開始了我的表演，但演技老師中斷了我的表演，問我當初有什麼想說的話。我遲疑了，或許我還是想維持自己的形象吧，不過演技老師卻替我把我想說的話全都傾吐了出來。

你怎麼可以這樣對我！我從週一到週五早上九點上班到晚上十二點下班，我有表現過任何不滿或抱怨過嗎？我工作以來有犯過任何一次錯嗎？但你卻叫我離開！

老實說吧，前輩難道不是因為考核成績比我差才看我不順眼的嗎！實力有所欠缺的話不就該認清現實嗎？你都不覺得丟臉嗎！

我的鼻腔突然一陣酸，眼眶開始泛紅。我應該要放任自己哭出來的，但我卻握緊雙手忍住了，我明明就在課堂要大家不要忍住不哭，但當事情發生在我身上時我卻忍著不讓眼淚落下來。我很感謝演技老師代替我說出我想說的話，接下來上課時，我開始可以在表演時直接大喊出聲，心情也漸漸變得輕快了。

在這次經驗之後，我也開始讓其他人把過去想說卻沒能說出口的話用文字寫下來，並要他們發出聲音表達出來，藉由這樣的方式讓他們回到當時的狀況下，表現出自己的情感。

上班族恩美表示，當她在心中想著上司，說出「是，我英文不好，所以你想

6.馬奇諾防線（Ligne Maginot）：法國在一九四〇年戰時於法德邊境以混凝土堡壘、障礙及武力組成的共數百公里的防線。

怎樣？」之後，她的心情就變好了。恩美說她之前因為寄給外國客戶的邀請函郵件中犯了文法錯誤而遭到指責了，自從那之後她的心中就留下了傷痕。「我不是機器！我說我不是機器！」國中生成俊哭嚎著說道。他說母親的高度期待與嘮叨讓他感到非常難受，因為想讓母親體會到跟自己同等程度的難受感，所以他故意沾染了菸酒，成俊就是因為想起這段往事才會放聲大哭的。

在無法直接說出隱藏的傷口或委屈的時刻，需要發出聲音，回溯當時的情緒，並且擁抱它、平撫它。成俊在那天之後便向母親道歉尋求原諒，之後我接到了成俊的母親打來的電話，「講師，真的很謝謝你，老實說我原本沒有抱太大期待的，還心想這能好轉多少？但孩子他……」母親哭著對我這麼說。

與個人諮商不同，要在多人集聚一堂的場合說出自己的故事並非易事，所以我選擇請學生先把想說的話化作文字寫下來，再面對牆壁或鏡子與自己的情緒對話，接著以大聲呼喊的方式將最能夠完美反映當時情緒的句子表現出來。只要有一個人先鼓起勇氣，其他人就會如骨牌般一個個開始傾吐自己的故事，就這樣在彼此傾聽、互相附和的過程中得到慰藉。

想在日常生活中找到一個可以放聲大叫、釋放情緒的空間實屬不易，就連在家也很難放心嘶吼一場，我最偏好的方式是在車裡放聲叫喊，在悶悶不樂、無話可說時我也會唱歌來抒發，若剛好是能為當下的心情帶來慰藉的歌曲就更好了，有時候會在唱著有故事的歌曲時落下眼淚，有時唱著唱著心情便好了起來，從不去顧慮鄰車是否會看見。

每個人偶爾都會需要「只屬於自己的空間」，在只屬於自己的空間中對自己大喊「說點什麼吧」，就會開始與情緒變得越來越親近。沒有車的話，我也推薦ＫＴＶ，播放又High又吵鬧的音樂，不使用麥克風，直接把想說的話發洩出來就行了。不喜歡ＫＴＶ包廂這種密閉空間的話，棒球場或足球場也是不錯的選擇，縱使不談論情緒，光是大聲呼喊為球隊加油也有所助益。

不要壓抑想說的話

運動選手會在賽場上吼叫，吼叫時會自然而然地彎腰，使力量蓄積在腹部。經過吼叫之後，就算遭受攻擊也能減緩受到的衝擊，也能讓攻擊的力量變得更強勁，據說運動時吼叫的行為能夠活化運動神經元並提升肌力。

只要想使出更大的力量，不論是動物或人類都會依本能提高音量，猛獸也會透過咆哮來威脅敵人，高分貝的聲音能夠打擊對方的士氣，親耳聽到野生老虎的嘶吼時會不自覺腿軟，正是因為這個原理。

在講課的過程中，會見證各式各樣的反應。有人發出聲音，用全身表現笑意；有人雖發出聲音，但只有臉上展示笑容；有人只是在嘴角噙著一抹微笑；也有不笑的人和看周圍人的眼色才跟著笑的人。每當看到那些看別人眼色才跟著笑的人，我都會覺得很哀傷，因為他們把自己情緒的決定權交到了別人手上。我們不該強行壓抑或封閉發自身體內的情緒，有值得笑的事情就笑出聲來，即使不好笑偶爾也要讓自己發出笑聲，我們的大腦無法分辨笑的真偽，假笑常常能誘發真正的笑意。感到悲傷就放聲大哭也無妨，據說得到安慰時流下的眼淚有助於提高免疫力。

三天打魚兩天曬網，重複七次

我對兒子動手了

曾上過七週領導力課程的學生民洙某天邀我一起小酌一杯，隨著氣氛漸熱，他開始聊起自己的煩惱，他說自己昨天對兒子動了手，因為他總覺得自己被兒子無視了。

民洙膝下有一子一女，兒子國三，女兒國一。孩子們小時候只要民洙下班一回到家就會奔向民洙的懷抱，可是不知從何時開始，變成連眼神都沒交會，只是打個招呼就走回自己的房間。

他說自己有天買了炸雞回家，想應用看看課程中學到的對話方式。難得早早回家，孩子們卻連踏出房門看一眼都沒有，民洙為此怒火中燒，但太太卻戳戳民洙的側腰，說：「孩子們現在是考試期間，安靜點。」他只好靜待考試結束。考試結束當天，他帶著披薩走進家門，孩子們卻像上次一樣一下子就回去自己的房間了。

民洙終究沒有按捺住怒氣，動手打了兒子。民洙心想慘了，看著兒子和太太一臉驚嚇的模樣，他只想找個洞鑽進去。

聽完民洙的敘述，我給了他一個建議：「因為今天喝了酒，所以不要選在今天，你明天就早點回家，給兒子一個擁抱並對兒子說：『兒子，爸相信你。』就只要把這句說出口就好。」

隔週，民洙來告訴我他試過但失敗了。民洙鼓起勇氣敲門進了兒子的房間，結果兒子邊看電腦螢幕邊回應的模樣又惹得他火冒三丈，但他還是努力控制自己的情緒，用溫柔的語氣說：「兒子，爸有話跟你說，出來一下。」沒想到兒子卻回答：「在這裡說就好。」

儘管惱怒，民洙還是忍著情緒說道：「兒子，我們很久沒好好聊天了，來聊聊吧。」兒子這才低垂著頭走出房門。民洙鼓起勇氣擁抱兒子，打算把「兒子，爸相信你。」這句話說出口，沒想到兒子卻甩開他的手臂說：「吼，幹嘛這樣，好尷尬，你又去聽了什麼講座嗎？」

詳加思慮過後，我建議民洙傳訊息給兒子。「兒子，爸相信你，爸愛你。」民洙將那天沒能說出口的話寫成文字訊息傳了出去。雖然兒子應該不會有什麼反應，但每當兒子感到疲憊時，他一定會看看這封訊息的。

> 我提供孩子補習費、放假就送他們去海外旅行，只要他們想要什麼我就幫他們實現，我認為這就是父親的角色。辛苦工作滿足孩子們的需求，但感覺孩子們並沒有把我放在眼裡，這讓我感到痛心且不堪，似乎就是這樣的心情導致我動了手，我覺得很羞愧。

孩子並不會好奇父母在做什麼工作或在社會上有多大的影響力，比起那些，他們更想知道的是此刻父母是否了解我的煩惱？是否會傾聽我的煩惱？是否關心我？

適應一件不熟悉的事物需要花費三週的時間，想要建立一個習慣，至少需要一天不漏地持續二十一天。民洙現在只嘗試了一天，自然會感覺十分彆扭。

我嘗試過建立習慣的實驗。我將鬧鐘設在清晨六點，持續三週每天都在同一時間起床，在那之後即使不設定鬧鐘，一到六點我也會自己醒來。產婦生完孩子之後的調理時間以三週最為安全；小雞破卵而出的孵化時間平均是三週；人類皮膚細胞增生至死亡的時間也大約是三週。

「我相信我們家兒子唷，不過你做作業了嗎？」一位母親希望能為自己兒子帶來勇氣，卻總是不自覺地提起功課的話題，這正是因為談論功課這件事已經成了她的習慣所造成的。「我也嘗試過，但一做平常沒在做的事，大家都把我當成奇怪的人。」在地方老人福利會館遇見的一位老爺爺這樣對我說。不過我的想法是，如果沒有嘗試持續二十一天，就沒有資格說自己「試過了但沒辦法」。毋須覺得自己只能三天打魚兩天曬網而自怨自艾，因為就算是只打魚三天，重複七週也可以養成習慣的。

慶秀從沒有和父親相互說笑過，他下定決心撥電話給父親，父親卻說：「你是要零用錢嗎？」這令他非常難為情，因為他心中浮現了「啊，原來我只有在需要錢的時候才會打電話給他嗎？」這樣的想法，即使如此，他還是把握機會叮嚀父親天冷了要注意健康，並在掛電話前鼓起勇氣，壓抑害羞的心情對父親說了：「爸，我愛你。」說完，電話那頭安靜了良久，正當慶秀心想自己是否說了沒意義的話時，父親開口了，「你喝酒了嗎？少喝點酒，認真讀書吧。」隨後便掛了電話。就在那天之後，慶秀和父親通話的次數開始有了顯著的增長。

比起目標，更應該享受過程

延植是一名在麵包店做三明治的工讀生。

因為平時就喜歡料理，所以以為這份工作對自己來說很輕鬆，然而料理跟做麵包卻是兩回事，而且要把麵包做得漂亮又更難，尤其對連鎖店來說，在規定的時間內達成一定的分量是重要準則，可是這是我第一次嘗試，所以顯得加倍棘手，連續幾週我都無法滿足規定的分量，是在老闆的協助下我才好不容易能完成工作，這令我對自己感到無比氣惱。不過，就在我打保齡球時，我領悟了一件事。我剛開始打保齡球時完全不知道怎麼滾球，但現在卻打得十分不錯，想必這是因為我能享受並專注於比賽的每個瞬間、盡力保持沉著冷靜所收穫的成果。

我有了「這一點應該也可以套用在其他事情上」的想法。我心想，既然在打工的過程中無法立刻對初次嘗試的工作駕輕就熟，何不從學著享受這件事開始呢。自然而然地，我犯錯的次數開始降低，也漸漸能達成目標數量了。朝著目標前進固然重要，但享受過程的重要性也是不亞於前者的。

因一味向著目標狂奔而感到疲憊時，就該學著享受當下經歷的過程，別忘了一座山不只有頂峰而已，一步步向上攀登的路途也是山的一部分。

這是我在教育機構擔任顧問的時候的事了。和多不勝數的對象會面、通話，使我屢屢犯下叫錯名字和想不起對談內容的錯誤，為了因應這個問題，我製作了一本通話手冊，即使是久違的通話也不會再慌了手腳，對於諮商過程也帶來了很大的助益。某次通話中，負責人表示自己的兒子騎腳踏車摔斷了手，正在前往醫院的途中，我將這個內容記錄在手冊上，隔週主動打電話問候對方是否安好，負責人說很謝謝我記得這件事，並將教育訓練交託於我。

此後，我開始將每天見到的人和發生的事一一詳細記錄在手冊上，有一次我的紀錄甚至為上司的官司帶來舉足輕重的幫助。手冊內容起初不過是毫無章法的筆記而已，不過隨著時間過去，我開始積累出專屬於自己的知識經驗，使之成為一本極具效用的手冊。每年年末我都會閱覽那本手冊，看著上頭完整記錄了自己一年來認真生活的痕跡，總會讓我感到十分欣慰。這些手冊是我財產清單中最重要的一號財產。

每個人都有不同的沸點。沒必要因為朋友會唸書、善於上臺報告而產生比較心態並對此感到喪氣，那只是因為朋友對唸書的沸點比較低，所以唸書時能比較快沸騰，重要的是要留意觀察自己在哪個領域可以快速沸騰，這之後就只要配合自己沸點，反覆實踐適合自己的事就好了。

Chapter

4

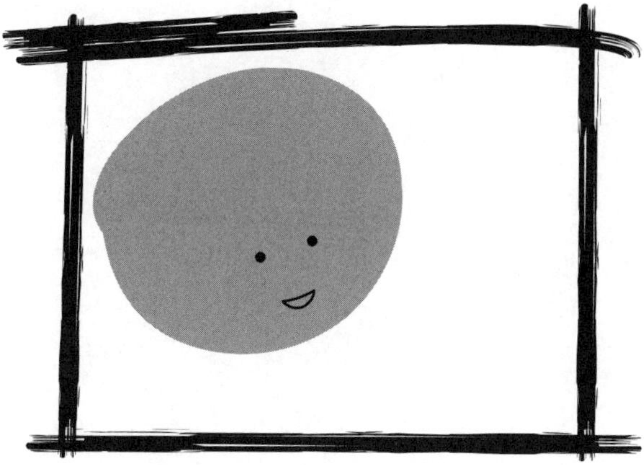

真心希望和你一起好好生活

一起幸福的溝通技術

如果一直注視著無浪的海？

沒有人是始終如一的

許久前我收到了一封來自三十年知己的手寫信。朋友的來信以「致我想一生同行的朋友」做為開頭，信中有一個段落是這樣寫的：「江山易改，人也是多變的，但你的心始終如一，這樣的人生並不容易。」第一次讀這封信的時候，我非常感激懂我的朋友，只是隨著時過境遷，再次拿出這封信來看時，我不知為何產生了一種苦澀的心情。始終如一這句話應該是褒義，可我為何會有這種感覺呢？

請試著想像看看人的情緒如無浪的海般文風不動會是什麼樣子，那真的會是自然美好的風景嗎？海浪是隨著洋流移動而產生的現象，海從不會停止移動，也因此帶動生活在海中的生物，混合出多采多姿的生態系，一旦海浪停止推進，洋流不再流動，海中的生態系將會跟著發生異常。

人也是一樣的，若有人在理應要生氣的場合卻克制著怒火，在所有人哄堂大笑時卻面無表情，那他會不會是正在壓抑自己的情緒呢？我心中不禁暗忖，朋友的信裡寫著「始終如一的模樣」，不正是如無浪的海般不自然、勉強壓抑的模樣嗎？

領導力準則的其中一項是坦誠。坦誠意謂開誠布公、坦白地表達的態度，也就是說，創造出可以坦率回饋與溝通情境的能力，是培養領導力時十分重要的一點。

如果是忙於工作而偶爾見一次面的人或無法頻繁碰面的朋友，不明顯表達情感並維持一貫的樣貌或許會比較自在，但如果一直相處在一起的家人或同事是這樣的話，結果會怎樣呢？「今天發生了一件很開心的事情。」這樣說的話，大部分的人都會好奇發生了什麼事，但如果老是說「那天就是那天」、「每天都差不多」的話，就會讓人不想繼續對話下去。

「爸，我覺得好煩喔。」某天兒子對我說。「發生什麼事了？你在煩什麼？」明明應該這樣問他的，我卻回答：「你的聲音更煩。」如果這種事情一再發生，兒子想必會越來越排斥跟我對話。

在互相交流彼此細微的情緒時，就可以坦白直率地說出自己對於對方感到失望或不滿的事情，發火或鬧脾氣都是為了讓對方傾聽自己而做出的舉動而已，如果將這當成是在攻擊自己的話，只會導致兩種結果，一種是發生爭吵，另一種是就此成為無浪的海，斷絕對話的空間。

大學生美玉和媽媽一天會講上好幾次電話，不過和木訥的父親卻幾乎沒講過電話。美玉為了為期三週的「練習表現」功課，出於無奈只好打電話給父親，然而父親只問了一堆關於畢業後的出路問題，對話毫無進展，但就在三週即將過去之際，美玉聽說了父親的手受傷的消息，「爸，你的手還好嗎？」於是便撥了電話關心父親是否無恙。

美玉說，就在隔一次通電話時，發生了十分不得了的狀況。一向高壓且死板的父親那天竟然先向美玉說了對不起，父親說自己以「為了女兒好」當理由，總是用像在確認和檢查的語氣跟女兒說話，他對此感到很抱歉。光是這樣就已經夠神奇的了，但在隔次通話時又發生了更令人意外的事情，平時和父親講電話都講不滿一分鐘的，不過那天雖然只是一通問好的電話而已，他們就聊了超過三分鐘。從那天之後，美玉下定決心要繼續保持和父親通電話的習慣，這麼一來，也可以期待父親總有一天會主動打電話給自己吧。

不要延遲表現的時機

賢景害怕表現出真心，就算是對好友也說不出「不要」、「做不到」之類的話，總是只會回答「好」、「我可以」。賢景小學時曾將自己很寶貝的衣服借給朋友，朋友借走時一句謝謝都沒說，只通知她「八點到遊樂場拿衣服」，當賢景到了約定的地點卻沒有見到朋友，只有衣服被孤零零地放在一旁。假如有人在賢景到之前拿走衣服的話會怎麼樣呢？

或許是因為這件事成了賢景心中的陰影，每當朋友向她借衣服、書或是一點小錢，她都會不由自主地繃著臉，煩惱要用什麼藉口來拒絕對方。因為擔心被朋友說小氣，她從未向任何人提起這樣的心情，總是獨自難受著，某日她終於鼓起勇氣對一起上課的朋友坦白自己的個性和心中的陰影，朋友直爽地表示：「是嗎？原來如此。」在那之前她一直都無法如實表達出自己的心情，這令賢景覺得很遺憾。

人們會依據過去的傷害對事情下定義，並在那個框架下與人相識、對話，因為只有這樣才能感覺安定、自在，讓諸如「要是朋友覺得我很奇怪怎麼辦？」、「我說這些話，吃虧的不是只有我嗎？」之類的想法束縛著自己。

賢宗也說自己在青春期之後就和父親失去了互動。想當然，賢宗已經很長一段時間都無法向父親傳達自己真正的心意了，自己開店的父母經常忙到晚上九點過後才回家，家人之間都只是打個照面就各自入睡了，長此以往，賢宗開始認為父親是個沒有眼淚、感情枯竭的人。

但是，賢宗說在他就讀高中時，父親曾經某天凌晨酒醉返家後，在所有人都不知道的情況下獨自哭泣，賢宗偶然聽到哭聲時，湧上心頭的感覺比起擔心，更多的是陌生，而他終究沒有詢問父親為什麼會哭。

就這樣，在賢宗即將入伍之際，他和父親發生了嚴重的爭吵。父親說自己信不過成天遊手好閒的兒子，甚至還對賢宗動了粗，而賢宗也說自己和父親無法溝通，動手砸了東西。翌日，賢宗第二次看到父親的眼淚。一週後賢宗入伍了，軍隊生活讓他體會到家人有多珍貴，看著來會面的父親，賢宗這輩子第一次對父親說出「對不起」和「我愛你」。賢宗對我說了下面這些話。

> 這麼輕易就能說出口，早知道就早點說了，我很後悔。最近每當看見父親漸老的身影，總讓我感覺時間所剩不多了，「我愛你」似乎是世界上最容易也最難說出口的一句話，可是如果今天不說，可能就沒機會說了，真的要繼續拖下去嗎？

我可以聽見你的聲音

明植在小學四年級時發生了車禍，左耳的聽力受到重創，一旦摀住右耳就會如潛入水中般，聽到的聲音會變得很小聲，必須要配戴助聽器才行，但是因為家境難以負擔昂貴的助聽器，加上他也不想被看到自己戴著助聽器的樣子，所以就這樣放著不管生活到現在了。

然而不知從何時起，明植的左耳變得完全聽不見了，種種不便也開始接連而至，如果有人在明植的左側呼喚他的話，他就很難聽清楚，隨著不方便的事情漸漸增加，明植的生活也跟著越來越辛苦。

儘管如此，明植仍保持著開朗正面的心態。第一次見到明植時，他主動走向我，對我做了自我介紹：「講師，我的左耳因為意外的關係聽不太到聲音，所以對話時可能會轉頭，請不要誤會喔，哈哈哈。」有天明植拜託我撥出時間讓他上臺說話，我欣然地為他挪出空檔。

我聽不太到聲音，但是相對地，我很善於傾聽對方的「心聲」，我很樂於為別人的煩惱提供建議，我喜歡自己帶給他人幫助的感覺，當朋友因我而感到幸福並展露笑容，也會讓我覺得非常開心，我因此得到了身邊人們的信賴，成為朋友之間「願意傾聽煩惱，辛苦的時候想要依靠的人」，雖然耳朵聽不太清楚，不過我對傾聽心聲的能力產生了自信，希望各位也可以試著用心來溝通看看。

可以用心溝通的明植目前任職於青少年支援中心，看著超過一百位青少年將明植視為親哥哥般親近的模樣，我的心中洋溢著滿足與感激。

表現心意這件事，每個人一開始都會覺得尷尬

「就算不說出口也會懂」是天大的謊言

大弘的婚姻邁入第三年，他的煩惱是和妻子不會吵架。這一點起初讓他隱約感到有些自豪，不過經年累月之下，他了解到這未必單純是件好事，因為他們並非沒有可以爭執的事，只不過是在迴避衝突而已。

大弘個性小心謹慎，就算有任何不快，也會為了家庭的和睦而盡力壓抑自己，但一再忍耐，放任怒氣在心中沸騰，導致他後來開始對妻子產生了負面的看法。大弘說每次先發火的人都是妻子，先消氣的人也是妻子，當妻子主動靠近向他道歉時，他雖然表面上會開朗接受，但內心總有某種解不開的情緒在蠢蠢欲動著。

有天大弘加班到很晚才回家，妻子卻因為他沒有買回她交代的東西而勃然大

怒。大弘因為職業性質的關係經常在夜間或週末加班，但一直以來仍然盡己所能做好家事，可是妻子卻對他的努力視若無睹，這讓他心裡很不好受，頓時爆發了脾氣。

「妳完全不關心我一整天吃了什麼、做了什麼，對我只有這些話好說嗎？」

在此之前大弘從未對妻子這樣大聲過，妻子自然是嚇了一大跳，而大弘也為自己的音量感到訝異。妻子什麼話都沒說，那晚的氣氛無比冰冷，但就在次日，大弘收到了妻子的訊息。

> 老公，昨天是我不好，對不起。仔細一想，你一直都在傾聽我說話，但我只會對你發脾氣。還有，希望你以後也可以對我說出你的想法。

妻子的反應讓大弘摸不著頭緒。一直以來大弘都對自己的想法和情緒緘口不言，獨自感到鬱悶難受，不過看來難受的人不只有大弘而已，妻子也為了完全不表現出內心想法的丈夫而鬱悶難受。拍手也要有兩隻手才能發出聲音，如果對方始終沒有任何回應，這樣的關係有多難熬呢？

「就算不說出口也會懂」、「夫妻吵架哪有隔夜仇」這些都是夫妻關係中常出現的老生常談，但不管是多親密的關係，不說出口的話，對方就絕對無法了解你的心意，況且在情緒裂痕漸深的狀態下發生爭執，只會提高解決問題的難度，不能因為是夫妻間的爭執，就認為「相愛就夠了」，含糊不清地帶過。

我也一樣，我寡言謹慎的性格一向使妻子感到焦急，儘管有滿腔的話想說，但我曾認為不說出口才是美德，可是我現在也開始試著一點一點表現出自己的心思，試著去聆聽妻子的想法。

夫妻爭吵是確認並調整自己與對方想法的過程，這種時候比起一股腦地宣洩蓄積已久的怨言，更應該有條理地一一傳達自己的心思，慣於按捺慍怒之意、隱藏情緒的人，要是某天忽然大發雷霆，只會讓身邊的人感到驚慌，心想「他幹嘛突然那樣？」、「他原本是這種人嗎？」使情況更加錯綜難解。

表達想法及情緒固然重要，但直接將處於沸騰狀態的激動心情爆發出來並不是件好事，正確地傳達怒意比發洩怒火更重要，「你這樣說令我有種被輕視的感覺，所以我現在很生氣。」我們都必須練習坦率地表達情緒才行。

我建議大弘說出自己當時最想跟妻子說的話。因為很難說出口，所以他先試著用文字把自己的心情寫下來。

> 老婆，其實昨天我希望可以聽到妳對我說：「很累吧，吃飯了嗎？」可是妳一看到我就怒氣沖沖，所以我也動了氣，我覺得自己一直以來努力工作生活的日子瞬間崩塌了。對妳大聲了，真的很對不起。

大弘尷尬地讀著自己寫的文字，經過幾次練習，終於鼓起了勇氣。後來大弘跟我分享了令人驚喜的故事，他說當他一說出心裡話，妻子果然也坦率地談起自己經歷過的事。

「生完孩子之後，我陷入了產後憂鬱，但是因為你很忙，連話都說不上幾句，所以我很鬱悶也很孤單。」

大弘對於妻子曾患有憂鬱症一事一無所知，本人也總是處在孤獨的感覺之中。我建議大弘以後要對妻子敞開心扉，表達自己的心意。

「說出自己的心情太尷尬了。」

「覺得尷尬就逃避的話，兩位都會持續孤獨下去的，你不想過幸福的生活嗎？」

大弘這才答應我會鼓起勇氣。看著他的樣子，我也暗自下定決心要繼續努力。

大弘為何一直以來都無法表現出自己的心意呢？大弘說他從小家境困難，就算遇到什麼困難，也會因為害怕父母擔心，所以從不流露出難過的神情。因為沒有能夠安撫他情緒的人，大弘自然從小就認為隱藏情緒是正確的，並且帶著這樣的認知長大。

按捺內心的情緒，充分扮演好自己的角色，久而久之便會產生「我是這麼善良的人，所以你要肯定我才行」的補償心理，但若沒獲得肯定，反而還得到負面回饋的話，就會深感委屈並憤憤不平，這樣的話他身邊的人會是什麼心情呢？恐怕會鬱悶到快要瘋了吧，畢竟「我為了你一忍再忍」這種話對旁人來說是很難以理解的，大概只會讓人想抗議「你什麼時候對我說過你的想法了？」吧。

倘若因為平時不善於表達心情而受沸騰的怒火所苦的話，與其選擇爆發，不如先思考自己為何會生氣，以及想對對方說的話是什麼，並將結果傳達給對方。若能夠面對面親口傳達的話是最好的，但要是覺得有壓力的話，透過信件或文字訊息表達也可以，隱藏情緒既不是貼心，更不是善良的表現。

「我對你的愛就跟窗外落下的雨滴一樣多」

當時我正在講課中，講課對象是某企業的組長級職員，「請問各位有多常向自己的太太表達愛意呢？」當我這麼提問後，我得到了這樣的回應：

「家人之間不會做那種事吧。」

聽到這樣的回答，我提出了一個建議——現在每個人都立刻傳訊息給太太，沒有在課程結束前收到回覆的人就要負擔結業式那天的聚餐費，所有人的訊息內容都一樣：

「老婆，看看窗外！我對妳的愛就跟窗外落下的雨滴一樣多。」

驚呼聲此起彼落，甚至有人說「完蛋了」，不過既然已經決定打賭了，大家也只好硬著頭皮傳出訊息。大家開始一一收到回覆，反應形形色色，最多人收到的回覆是「你瘋啦！」和「你劈腿了嗎？」，某位組長表示他收到的訊息是女兒代為回傳的。

「爸！媽要我問你是不是公司出了什麼事？」

眾人失笑，而還沒收到回覆的人則開始緊張了，在課堂差不多要結束時，「來了！收到回覆了！」其中一位大喊出聲，他收到的回覆是：

「嗯，老公，拜託你賺跟窗外落下的雨滴一樣多的錢回家吧，這位先生！」

兩週後的結業式時，我悄悄走近某位組長的夫人身旁，問道：

「兩週前妳有收到先生傳的訊息吧？妳的回覆是什麼？」

「啊，那個訊息？是講師你叫他傳的？我回覆他『你瘋啦』。」

「為什麼？」

「因為他說了些平常不會說的話，感覺很尷尬呀。」

但夫人也說，偶爾難過的時候還是會打開那封訊息來看。多虧了這位夫人，我了解到「你瘋啦！」這句回應背後的意思不是「別再傳這種訊息」，而是「雖然很尷尬，但請繼續傳給我」。

我忍受著難為情好不容易傳了訊息，對方的反應卻冷冰冰的，難免會心想：

「我再也不傳了！」不過這只是雙方的尷尬產生了碰撞而已，必須繼續碰撞才行，要適應這種不自然需要花三週的時間，必須在二十一日間不間斷地練習，如此一來就會對尷尬感越來越熟悉。

整形外科醫師麥斯威爾・馬爾茲（Maxwell Maltz）從觀察患者的經驗中發現一個神奇的模式。舉例來說，病患做完鼻子的整形手術之後，通常需要約二十一天才能適應新的鼻子，手臂或腿部截肢的病患也一樣，手術後還覺得自己有手有腳並感受到幻肢痛的時間一般也會維持二十一天。

讀過馬爾茲的論點後，我做了一個實驗。公司正好剛搬到新的辦公室，上下班時會遇到新的人事物，「要幸福喔。」我開始主動向警衛大叔和清潔阿姨打招呼，起初他們也一臉摸不著頭緒的神色，但一週後他們開始會愉快地回應我：「好。」過了兩週，他們的回應變成：「好，講師你也要幸福喔。」當第三週過去，他們應該會比我早一步主動問候我「要幸福喔」吧？

成鐘剛開始實踐「在便利貼上寫下想說的話並貼在冰箱上」的做法時，抱持著半信半疑的心態，他很懷疑，這個方法真的有助於促進家人之間的溝通嗎？最初幾週間，不管成鐘貼了再多張便利貼都得不到任何回應，最後總在垃圾桶裡發現被撕碎或縐成一團的便利貼。

成鐘氣惱又傷心，每次都在考慮是不是要放棄，但一轉念還是決定繼續。三週的時間過去了，妻子開始有了簡短的回覆，諸如「傻眼」、「隨你的便」、「好啊」之類的簡短文字，隨著短信轉變成較長的文章，某天妻子也開始主動貼上便利貼了，過了一個月左右，不只妻子，連兒子女兒也開始主動貼便利貼了，冰箱就這樣成為家庭溝通的窗口。

鼓起勇氣表現出想法，對方卻愛理不理的話，該怎麼辦呢？假如成鐘在看到自己的便利貼被揉成一團丟掉時就放棄了，會有什麼結果呢？要不要回覆完全取決於對方，因此要放下「要是對方這樣回應就好了」的期待。傳送訊息時對回應有所期待只會讓自己變得困頓疲乏，也會產生不必要的誤會。

首先，應該要抱持著「我表達是為了自己」的想法，最初的三週則是為了消弭雙方的尷尬而投資的時間，接著就必須專注於傳達出自己的真心，如此一來，就能夠像成鐘一家一樣，到了某個時間點就能自然地交流溝通了。

不要「爆發」，而是要「表達」

表現情緒的三種方式

人在憤怒的情況下會有三種應對方式——「爆發」、「無反應」、「表達」。爆發是指在某一刻無法壓抑而發洩怒火；無反應是指因忍耐或無視而不做任何表現；而表達則是讓自己的情緒平靜下來，說出想說的話。

眼見兒子功課都沒做就邊看《搞笑演唱會》邊笑得像個瘋子一樣，宰賢忍不住破口大罵：「你平常也都笑成這個樣子嗎？出門在外不要笑得那麼輕浮！太丟人現眼了。」宰賢後來才感到懊悔，小心翼翼地傳給兒子一句「抱歉」，結果他收到了兒子的簡短回覆：

「請問你哪位？」

恩敬向我訴說了對好友的不滿。

「久違地和朋友一起去了咖啡店，她卻只顧著拍照。我很疑惑，既然如此她何必找我一起去呢？已經換了三個地方了，但看來她還是沒拍到滿意的照片，我越來越不爽，但也只能忍耐對吧？畢竟最近女生之間都這樣，也算是一種生活樂趣吧，不過我短時間內應該不會再跟她見面了，要是 Instagram 早點倒閉毀滅就好了。」

為了因被孤立而備受煎熬的女兒，貞允親自把孤立女兒的同學一一約出來說服對方。

「雖然不知道是為什麼，但我相信你們欺負、孤立我們家孩子是有原因的。我認為，就像我們家孩子不夠成熟，可能會犯錯或做出幼稚的行為一樣，你們也可能會做錯事。我們家孩子現在很難受，心裡充滿害怕跟恐懼，你願意幫幫我嗎？」

有什麼感覺呢？在生氣的情況下，宰賢選擇爆發，恩靜沒有爆發也沒有表達，而貞允選擇了表達。有的人在當下無法壓抑而讓情緒爆發，有的人卻一句話也不說。

如果以自己為標準來看，什麼樣的情況會讓自己更受傷呢？是後者；如果以對方為標準來看，什麼樣的情況會讓對方更受傷呢？是前者；那麼，在什麼樣的情況下可以同時減少我和對方受到的傷害呢？當然是表達。貞允向曾排擠女兒的同學表達了女兒的心情和自身做為母親體會到的感覺。情緒，是所有人都能感同身受的共通語言。

甲方行徑[7]，我該繼續忍下去嗎？

禮娜在工作上時常受到老闆的折磨。老闆一向言語粗魯，即使禮娜沒有做錯任何事，老闆也會破口大罵，老闆還曾大罵禮娜：「都吃了二十七年的飯了，聲音

7.甲方代表較具有權力地位的一方，甲方行徑意指仗著權勢而欺負、壓榨他人的行為。

怎麼還這麼小？」要加班就加班，要挨罵就挨罵，要看人臉色就看人臉色，職場生活令禮娜心力交瘁，但她說怕家人擔心，所以也無法就這樣辭職。

職員們會在下班前輪流向老闆報告，老闆以報告得太小聲為由丟鍵盤或手機已經是家常便飯了，不過某天禮娜實在忍無可忍了，她偷偷將過程錄音下來，當她一回家看到媽媽的臉，眼淚便奪眶而出，雖然爸爸在得知此事後說要告發老闆，但禮娜只想以離職處理。次日，禮娜一向老闆表示自己想請辭，老闆就如往常般怒斥禮娜。

「好，給我收拾東西滾出去，馬上。」

禮娜對最好的朋友描述了這件事，朋友卻說：「但妳還是該多忍一段時間的。」這讓她忍不住心想：「難道社交生活就是如此，必須要一再忍讓、持續工作才是對的嗎？」

我對於這社會上依然存在著這種老闆感到憤怒。我很心疼禮娜，心情也很沉重，之所以如此並不是因為禮娜阻止父親告發老闆，也不是因為她什麼話都說不出口便離開了公司，而是朋友說應該要繼續忍耐的那些話，令禮娜產生了「我當時應該那麼做嗎？」的念頭，這讓我很心痛，因為她無法對任何人訴說自己受傷的心情。

在做諮詢的過程中，我見過很多跟禮娜相似的對象，隱忍情緒就等於放棄了自己的存在，我對禮娜說：

> 這段時間辛苦妳了，無法對任何人開口，一定十分孤獨難受吧。下次只要累了就一定要說累，還有，睡前請務必給自己一個擁抱。

很多時候並非只要隱忍及平復情緒就完事了，如果有人以違背常理的方式無理地對待自己，就必須即時表現出自己的想法才行。

爆發代表的是只要一生氣就立即發洩怒火、宣洩情緒，但正確的表達方式是，每當生氣時，不管花一分鐘也好、一小時也好，先讓自己有充分的時間讀取自己的情緒，接著再將心情說出口。只不過，拖了太久才表達的話可能會令人覺得莫名其妙，對方可能會心想：「怎麼事到如今才來說這些？」而感到不知所措。舉例來說，如果突然對昨天見面的朋友說：「昨天吃晚餐時，你說我『怎麼做什麼事都這個樣子』，讓我感到被輕視，很受傷。」結果會如何呢？「為什麼現在才說這些話？」朋友可能會這麼想吧？

用表達解除誤會

和禮娜一樣，燦國也是疏於表達自身情緒的人。住在遠方的朋友趁著暑假來找燦國玩，在他留宿於燦國家的期間，燦國個人發生了一些心累的事情，燦國努力不表現出來，以為能夠若無其事地度過，然而燦國不開心的程度已經明顯到朋友會刻意迴避他了，朋友甚至還誤會是燦國對自己有什麼不滿才會那樣。

後來他們透過對話解開了誤會，燦國也了解自己當時將憤怒與壓力表現在不恰當的地方了，他說沒能好好表達的自己看起來肯定非常愚蠢。「好吧，就忍吧。」這樣不是在調整心情，而是在逃避，別再逃避了，把心情傳達出來吧。

宋恩說因為她直率地表達了自身心情的關係，所以家人才能過著幸福的生活直到現在。宋恩說，父親在她國二時曾哭著跪在地上說：「爸爸好像沒辦法再繼續跟媽媽過下去了。」因為四年來父親一直沒有工作，母親用每個月在工廠賺來的一百萬韓元（約台幣兩萬五千元）左右養活了一家四口，那是段連開口要五千韓元（約台幣一百二十五元）買朋友的生日禮物都說不出口的日子。

宋恩說那天父母兩人哭著說無法繼續一起生活下去了，宋恩的姐姐只丟下一句：「好啊，那就離婚！」便轉身回房，宋恩則是抓著父母，纏著兩人不放，她腦中什麼想法都沒有，只是說拜託不要那麼做，或許是被她的真心打動了，說著要搬出家裡的母親最終並沒有離家人而去，那之後父親開始一點一點地改變了，家人間也開始會在週末一起出門外食了。

儘管仍有辛苦的事情發生，不過我們一家四口並未分開，父親建立了自己的事業，母親也從事著適合自己特質的工作，姐姐也道歉說自己也不曉得自己當時為何會那麼做。在我第一次和父親一起喝酒那天，父親對我說：「爸當時真的無法再跟媽媽走下去了，是妳改變了我的心意，真的很謝謝妳，也對不起。」我心想，當初有阻止父母真是太好了。

說出煩惱的時候，放下自己的角色

角色不是我

在母親決定做腦瘤手術的那天，我依舊要講課，在講臺上，我個人的情況和心情並不重要，這就是我身為講師的角色，可能就是因為這樣嗎？認識我的人都說，不管是我傾訴煩惱時，還是聊起開心的回憶時，感覺都像是在上課的樣子。曾幾何時，角色已經成為我存在的本體了。

我們會因為肩負的角色而克制情緒表現，你知道孩子們有煩惱的時候最先找的人通常是誰嗎？是父母？還是老師？他們大部分都會去找朋友，為什麼呢？因為孩子們認為老師和父母不是可以傾聽及商討的對象，而是教育自己和對自己嘮叨的人。

儘管我這麼說，不過我在實際提供諮詢的過程中，也會有想要教導、幫助對方的念頭出現，其實有時只需要單純地傾聽和給予安慰就好，會這樣正是因為我無法跳脫自己的角色。倘若想和子女溝通的話，那就得偶爾擺脫父母的角色，以朋友的方式親近他們才行。

許多人都有一個錯覺，認為自己身上的「頭銜」就代表真正的自己，很多老闆在公司外依然擺著老闆的架子，去逛百貨公司也會對銷售人員擺出老大姿態。我們經常忘記自己眼前的人在家裡其實也都是備受父母珍視的兒女，最近和電話行銷客服人員通話前，會先出現一句語音「現在接電話的人是某個人珍重的家人」。我們在採取行動時，心中所想的應該是存在本身，而不該是角色。

大學生秀娜為了成為令父母引以為傲的女兒，不僅申請上獎學金，做為勤勞獎學生[8]在校內工作，還另外在外面打工，自己解決學費的開銷。秀娜說她為了不

8.此為韓國大學的獎學金制度之一，透過在大學的一定期間內從事勞務取得與勞務相應的獎學金。

讓父母失望，總是盡己所能做到最好，明明父母也沒有給她壓力，她卻主動將「好女兒」的角色套在自己身上並致力於符合角色期待，所以她也因此感到非常疲憊。

但就在某天，她腦中驀然出現了這樣的想法：「為什麼我在採取某個行動前，都會先考慮自己做這件事能不能在父母面前抬得起頭呢？明明我做不到或失誤的話父母也不會說什麼，他們總是會支持並信任我的決定啊。」一直到那時秀娜才察覺，就是因為父母太過信任她了，反而導致她無法相信自己。秀娜對我說：

> 我打算從現在開始相信並支持自己的想法、選擇與行動，因為不夠信任自己，導致我過度仰賴父母的信任，想從其他人身上找到自己存在的價值，進而創造了想像中的角色，但這樣只是讓我的心變得更難受且空虛罷了，我了解到，在我身邊那些真正珍惜我的人，他們珍愛的是我的存在本身，而不是因為我達成什麼成就或擁有什麼東西。

「你的成績是怎麼回事？你接下來打算怎麼辦？」當成績下滑而遭到父母責備時，孩子們不會覺得自己是因為成績挨罵，而是會受到「父母不喜歡我」的想法所困擾並感到煎熬，但其實是沒必要這麼想的。

「你事情怎麼處理成這樣？」在公司受到上司斥責時，「我沒有扮演好在公司必須扮演的角色，以後一定要好好表現才行。」只要這麼想就好，「我就是這樣才什麼事都做不好，我做事本來就都這樣，公司不需要我這樣的存在」這類的念頭是沒必要出現的。

越是想誇耀自己或是獲得肯定，就越容易遺忘自己角色的意義，導致自身的存在被角色牽著鼻子走。生日時高級場所與美味食物固然重要，但若沒有主角現身，那場地和食物就一點用處都沒有。如果「我必須做的某事」代表著我們的角色，那「我之所以必須是我的理由」就是我們的存在本身。受到責備的話，也不需要否定自己的存在，只要找出問題的癥結點，並改善自己的角色就好。我們都要懂得覺察、消化並吸收自己的存在。

這是我到大企業上課時常聽到的共通話題。有人說，想提出辭呈卻做不到的原因有兩個，一個是快要忘記的時候就會出現的獎金，另一個是拿出名片時對方看到公司抬頭所散發的驚嘆與敬意。

聽到這些話我不禁心想，甲方行徑是否也是源自於自身的「頭銜」——也就是想要得到肯定的心情——所產生的。執著於名牌的心情或許也是同理，有些人非名牌包不買，包包明明就該是提著走的東西，若變成被包包拉著走的話，那麼在這之中就沒有「我」了。當「我」存在時，名牌也會因為「我」而光彩奪目。有人說「愛情是幼稚的」，這是否就是指要能完全卸下自己的頭銜和角色才能相愛的意思呢？

我們為了得到煞有其事的頭銜，扮演著一個又一個的角色，努力地向前跑。就算進不了屈指可數的頂尖大學，也要為了進一間像樣的學校而煞費苦心；即使不是大企業，也希望至少能理直氣壯地遞出名片，有時候這會成為要繼續活下去的理由，有時會化作生活的動力，可是持續過著這樣的生活，生活終究會在某一瞬間變得空虛且孤寂。

這正是必須擺脫角色的訊號，也算是要暫時卸下頭銜的訊息，就算心裡感到又累又委屈，仍須脫離角色才行，若不這麼做的話，隨著時間過去，要擺脫角色就會變得越來越困難。脫離角色的時候，「我」便會成為生活的主角，唯有如此，才能完整地看清自己曾猜疑嫉妒的對象本體是什麼。在決勝點的命題下，應該保持自由開放的心，因為並不是到達決勝點才幸福，幸福的是在通往決勝點的過程。

一九八〇年代大受歡迎的電影《機器戰警 Robocop》中，主角墨菲在遭歹徒槍擊數十槍後倒下，墨菲的大腦被救回改造成機器人——「機器戰警」。電影裡，機器戰警面對「你是誰？」的疑問時，一律以自己的「角色」身分來回應：「我是守護這個區域的安全與和平的警察。」但是，墨菲在見到殺死妻子和兒子的罪犯後，身為人類的情感開始復甦，他開始逐漸認知到自己的存在。在電影的尾聲，某個人問了機器戰警：

「你是誰？」

機器戰警，不對——墨菲回答：

「我是墨菲。」

用同理心打開心門

照顧遭到漠視的心

承雅的煩惱是自己不被丈夫信任及被漠視。丈夫常陪孩子玩，家事也做得很好，可是承雅總覺得對方經常輕視自己，因此十分苦惱。「在什麼樣的狀況下會有被輕視的感覺呢？」一聽我這麼問，承雅便答：「他會打斷我的話，總把我當成小朋友般想要對我說教。」她說兩人甚至無法嘗試深入談話，對於送孩子們去補習之類的話題，丈夫也不聽承雅的意見，完全照自己的意思處理。一開始，承雅還把這當作是丈夫對自己的貼心而感謝他，但現在她開始認為對方是因為不信任自己才會這樣。

我詢問承雅是否嘗試過認真地和丈夫談談，她表示因為自己是在週末工作，而丈夫則是在週末休假，所以彼此沒有對話的機會，再加上屢屢被丈夫漠視，所以也變得不想跟丈夫對話了。我建議承雅務必試著在對話前實踐四個步驟。

①提前約好談話的時間。

②約定好不會在談話中打斷對方，會聽對方把話說完。

③先試著相信「丈夫說的話不是在輕視我，而是在為我著想」。

④對丈夫說謝謝，並說出自己這段時間以來因為被漠視的感覺很受傷。

一旦確定談話的時間，對方就會先做好傾聽的心理準備，接著要確保的是自己對待對方的姿態，如屬於有壞習慣（以此案例來說，就是丈夫打斷他人談話的習慣）的情況，那麼就必須先對這一點有所認知，而且自己也必須下定決心，要以正面積極的態度聆聽對方所說的話，在談話結束時，更是要表達感謝之意，並將自己的心情說出口才行。事後，承雅傳了一封長訊息給我：

我照著講師的指示去做，剛開始丈夫嚇了一跳，以為發生了什麼不得了的事。

第三個步驟很難做到，但我還是努力忍耐著聽完了，我在第四階段時沒能說出感謝的話，一提到這段時間以來感覺被漠視的心情，我就忍不住淚如雨下。總之，謝謝講師。

即將大學畢業的恩地向我吐露了面對求職的苦惱和不安，尤其是逢年過節短暫見一下面的親戚特別令她不好受，恩地說每次見到親戚時，她總是戴著面具，假裝自己一切都好，一點也不徬徨，而且已經計畫好完美的未來，偽裝成無憂無慮的樣子。

恩地說會戴上面具並不是因為不想聽到親戚們無濟於事的嘮叨，而是對至今為止一事無成的自己感到既羞愧又不安的關係。恩地向母親坦白自己不知要往哪去、要做什麼的心聲，儘管她不停地奔跑，以優異的成績取得獎學金，沒有中途休學，準時升上了四年級，可是卻沒有突出的資歷，不管是對於求職，或是對於在沒有明確目標的情況下申請研究所，她都沒有自信。母親告訴恩地：「不用一直奔跑也沒關係，就算沒有發揮出全力或不成功都沒有關係，因為妳是我的女兒，光是這個理由，妳就已經足夠珍貴了。」

當鼓起勇氣說出「我好累」，對方的回應卻是「只有你累嗎？我也很累啊！」時，難免會令人感到鬱悶不已。同理心是以理解對方的立場為出發點，而非站在自己的立場思考，假如恩地的母親做出的回應是：「妳自己沒有做好準備，憑什麼發牢騷？」結果會是如何呢？這樣不只會讓恩地更加難受，也無法保證狀況會就此好轉，與母親間的關係可能還會因此變差。

個人中心治療（Person-Centered Therapy）的創始者卡爾・羅傑斯（Carl Rogers）曾說：「如果有人願意真心誠意地傾聽，不對你品頭論足，不替你擔驚受怕，也不想改變你，這種感覺該有多美好啊。」

同理心起源於「對方的立場」和「我的立場」之間的關係，若想找出解決關係根本問題與改善狀況的鑰匙，就必須回溯到問題發生的時間點，一一檢視對方和我之間所發生的事件，如此就能發現缺陷，當大家在思考該用哪把鑰匙來彌補這個缺陷時，答案總是一樣的。

「對方和我都沒有錯，只是因為彼此從未以對方的身分生活過，所以產生了差異而已。」

我們經常將這種差異稱為「錯誤」。當我們覺得對方犯了「錯誤」，只要好好回顧自己的行為並展現真心、同理對方就好，當然，對方可能不願意接受我們的表現或同理心，更準確地說，可能根本不聽我們說的話，那是因為對方還沒做好接受真心的準備，這種時候就必須耐心等待，當事過境遷，再次聊起當時的事時，或許就能比以往更容易接受彼此的想法了。

因為寂寞而結婚的話，結了婚依然會寂寞

比結婚和戀愛更重要的事

與戀人分手後，獨自度過一個人的時間，總是會有種寂寞的感覺，就算身邊有好友和疼愛自己的家人也是如此，這是怎麼回事呢？「喂，你沒有男友（女友）嗎？」、「談談戀愛吧，要我幫你介紹嗎？」莫非是因為身邊的人一直問這些問題的關係？走在街道上，恩愛的情侶總是特別容易映入眼簾，但明明就是美好的畫面，為什麼看起來卻這麼惹人厭呢？

這是因為想從其他人身上獲得關愛與肯定，藉此來填滿無法靠自己排解的孤獨所造成的，所以即使不是真愛，也會想一直與新的人見面、想被介紹新對象。想要仰賴愛情來確認自己的存在這件事，就跟想要靠增加存摺金額來確認自己的存在

一樣，但明明不談戀愛並不會因此變成可憐人，也不會因此就無法享受人生。有誰說喜歡自己的話，只要覺得還過得去就交往看看；整天高唱自己有多孤獨，忙著參加好不容易才約好的聯誼，這些做法可能都只會為對方與自己留下難以忘懷的傷害而已。

探究心情的根本原因這件事一向讓我們感到麻煩又棘手，導致許多人總不解開內心的問題，只一心尋找其他的逃生口，試圖把問題的存在拋諸腦後。現在，該是正視並好好擁抱自己內心的時候了。

永馥小時候曾認為自己是世界上最沒用的垃圾，他對自己的外貌、身高感到自卑，也會因為過得光鮮亮麗的人而產生受害者心態。因為沒有足球而拿鄰居家的足球來玩，結果卻被當成了小偷；因為沒錢買其他朋友人手一隻的電子雞，想要偷一個的時候卻被抓個正著；「你吃個小菜幹嘛看其他人的臉色？」、「你為什麼要穿得一副窮酸樣出來走跳啊？」身邊也有會這樣嘲笑自己的朋友。女友得知了這樣的過去，寫了一封為永馥帶來改變的信。

永馥哥，你知道厭惡自己是件多麼令人感到悲傷的事嗎？我希望你可以好好愛自己。

永馥雖然嘴上說著愛自己，內心卻並非如此。永馥總是看著別人的眼色來包裝自己，而這些都被女友看在眼裡。永馥一直都誤以為自己是跟隨著內心的聲音而行動的，之所以用功唸書也是為了合理化自己的存在，結果朋友卻開始一個接著一個從永馥身邊離開了。

我們每個人都想過著愛人與被愛的日子，可是不知從何時起，無論是愛或表現情感全都成了「肉麻的事」，永馥也曾斷言：「我本來就是不會表達愛意的人。」避諱於表現出與愛有關的行為。不過在收到女友的信之後，事情發生了變化，「媽，辛苦了。顧好一個家真的很不容易……我光是洗自己的衣服都覺得累了，何況媽要洗我們一家五口的衣服。」儘管尷尬，永馥也試著向母親表達了自己的心意。結果，一直以來未解的問題也開始漸漸被化解。永馥告訴我：

一切終究都源自於我的內心，有些事情其實只要我做出改變就能辦到了。我曾把自己因家境困難而看他人臉色、覺得丟臉的事都怪在父母身上，但我後來才了解到，父母也想好好把我養大，只是不知道方法，甚至是沒有餘裕去思考這些事，當我能夠正視情況，對父母的責怪也就減少了。既然如此，問題的根源是什麼呢？一直以來我都只用腦袋去分析及判斷所有事情，這一點我是在失去喜愛的人們時領悟到的，我完全失去了那些「早知如此何必當初」的人事物，也在這個過程中好好上了一課。明明只要好好愛自己就夠了，可是我卻用頭腦去愛，用心去憤怒，最近，我好像終於懂得要如何去愛、如何去感謝了，其中的秘訣就在於「心」。

有人說，因為寂寞而結婚，結了婚依然會寂寞。為了填補空虛而和某人交往，等於是在和扮演「填補空虛的角色」的人交往，一旦空虛被填滿了，那個人也會因為角色失去作用而不再有魅力，我們便會轉而尋找其他東西，當空虛被填滿之後，那個人對我們來說就不再是必要的存在了。

我在大一那年暑假曾在營隊打工四十天，有幾個孩子不管到哪都牽著手，看起來真的很可愛，我試著問他們：「你為什麼喜歡那個人？」孩子們只是呆呆地看著我，回答道：「就是喜歡啊。」

是啊，沒有任何條件，就是喜歡而已，不是因合得來而喜歡，不是因為有相同興趣而喜歡，也不是因為在某個時候對方會為我做什麼而喜歡，孩子們喜歡的就是那位朋友的存在本身。

可是從某個時候開始，我們開始認為能確實扮演好自己所設定的「角色」的人才是和自己契合的對象，如果對方不進入這樣的框架中，我們便會有所不滿，關係也會產生齟齬。想要締造良好的關係，就必須捨棄自己設下的框架才行，就跟某首流行歌的歌詞一樣，「結婚是一種選擇」，更重要的是談一場健全的愛、確實存在的愛。

用反應培養自尊感

你曾有過想死的念頭嗎？

我第一次產生想死的念頭是在入伍前夕。大學四年我將所有的青春傾注於康輔社的社團活動，就算收到學校的警告處分也從不後悔，社團的學長姐學弟妹為了我，在我入伍前多舉辦了一場宿營，我非常感激，開心到就像要飛上天一樣，感覺自己付出的愛得到了同等的回報。

我滿懷期待，期待著社團的大家會做些什麼來給我溫暖的慰勞與鼓勵，然而現實卻完全相反，不論我在或不在，大家都只顧著自己玩樂享受，入伍送別會只是個藉口，他們不過是需要一個玩樂的名目罷了。「我要投湖自盡嗎？這樣社團的人才會後悔嗎？算了，山裡的湖水太冷了，那麼我該怎麼做才能讓大家知道我的心情呢？」我心煩意亂。

眾人依然在外飲酒作樂，喧鬧歡笑聲卻一點也無法令我開心起來，一時間，因為實在太過生氣了，我一邊大叫一邊用頭猛撞住宿處的牆壁三下，結果沒有任何人聽見，只有我獨自暈頭轉向了好一會。那時我領悟到的事只有一件，那就是我的頭還挺硬的。

如今回想起來，這真的是個愚蠢又丟臉的故事，不過那時的我就是這麼難過。雖然事過境遷後回頭看，這變成一件可以笑著說「我那時為什麼那樣？」的趣談，可是對當時的我來說，社團和社團成員就是我的一切、我的宇宙。那時的我並不知道如何表達自己的情緒，同時還希望對方能夠先主動來理解我，也不知道該如何接納對方的反應。

仔細一想，歡送會時也有幾個人來找我，要我既然都來了就出去一起同樂，不過我卻期待有人能用更強烈的語氣把我拉出去，最終我沒能回應對我伸出手的那些人，反而獨自一人在心裡敲鑼打鼓，唱著獨角戲。我很難過，我不懂表達自我的方法，也不懂如何做出反應，更悲哀的是，我甚至沒有想要努力去搞懂，只是一味地把自己的能量投注在責怪對方上。

昊鎮說，託便利商店工讀生的福，他的心情變得很愉快。昊鎮打算簡單解決晚餐而去了便利商店，正在選柳橙汁的時候，工讀生推薦他可以選擇另一項更便宜也更好喝的產品，然後又連忙笑著道歉，表示自己失禮了。一整天都在處理工作上難搞的客戶，讓昊鎮感到十分疲憊，但多虧有工讀生帶給他好心情，那天昊鎮睡得特別安穩。

所謂反應指的不只是話語，也包含行動、眼神等所有表現關懷的方式。工讀生固然可能只是按照店長指示，推薦了需要提高銷量的品項而已，但重要的是，他以笑容回應了昊鎮。

佳希是個對任何事情都會熱情給予反應的人。某天，佳希訴說了自己在一週間所做出的反應。

我常常像個瘋子，我不止為午餐瘋狂，即使下班的路上累得半死也要去逛街買衣服，從這一點看來，我大概也為衣服瘋狂。與形形色色的人相會時我總是會非常投入，對方就會看到瘋狂的我，我喜歡自己這個樣子，世界上存在著各式各樣的人，每個人背後的故事都彌足珍貴。

從佳希的故事可以得知，反應有助於發掘自我，也能擴大觀看世界的視野。人生在世，我們不可能總是對任何情形都保持樂觀的態度，但要做出什麼樣的反應取決於自己的選擇，要將眼前的狀況視為人生的踏腳石或是絆腳石，會根據你所選擇的反應而有所不同。

自尊心能當飯吃嗎？

大學生宗旭說自己從國中以來就一直沒有朋友，獨來獨往已成了習慣，後來甚至對與人交流感到害怕，他不知道該和其他人聊什麼，因為總是顧慮「對方聽到這句話的話應該不會有什麼好反應」，過度揣測之下使得他越來越沉默寡言，長此以往，別人便對宗旭留下了安靜無趣的印象。

問題發生於剛進大學的時候，因為科系的特性，經常得和學長姐見面、相處，宗旭連同齡朋友都處不太來了，面對學長姐時更令他感到吃力與畏怯。

我要求宗旭先接受害怕與人交流的自己，接著建議他去告訴同學們自己不善於跟人來往，連談話都有困難，所以平常安安靜靜的不是因為討厭或不想理睬大家，希望大家可以理解，不要誤會。宗旭表示，要接受自己這點還算簡單，但要他主動開口對同學說自己的事情卻有點困難，我問他原因，他說因為那是自己僅存的自尊心。

有時我們即使明知方法為何，仍會選擇逃避問題。所謂的自尊是珍視自己且沒有半點動搖，不屈居於他人之下並守護自己的心態。就如同常有人說「自尊心能當飯吃嗎？」這句話一樣，顯露自己的弱點並不等於拋棄自尊心，認清自我，不迴避問題，努力摸索解決之道，這些才是守護自尊心的方式。

我們都擔心自己一旦拋棄自尊心將會變得淒慘又卑屈，如果過去一直都在苦惱「其他人會如何看待我的行為和話語？」，那麼現在必須轉為煩惱「我的行為和話語會對自己產生什麼影響？」才對。一直獨自猜想擔心的話，辛苦的人會是誰呢？當然是自己。

我們因為有自尊心而能夠實現夢想，自尊感也會隨之提高。我們有時會誤以為他人的稱讚或肯定可以守護我們的自尊心，但自尊心是自身的尊嚴，那不是仰賴他人的肯定和稱讚所能換來的，而是透過認清自身弱點的成熟思路與價值觀所獲得的。若是像宗旭一樣受到他人的想法和情緒所動搖，那麼那種自尊心就應該要拋棄才行，人生必須以自己為中心。

我想要幫助宗旭培養他的自尊心，我建議他先拋棄「希望學長姐和同學肯定我是什麼樣的人」這種想法，接著記錄下自己從小至今達成的成果和成就清單，以及身為大學生的自己需要扮演的角色有哪些。

一週後，宗旭寫來了十三項成就和十五個大學生的角色，我要求他寫出自身和十三項成就相應的優點，並將十五個角色區分為自己現在做得到的跟做不到的兩種。

宗旭很誠實地遵守了約定，最後終於向同學們說出了自己的煩惱，儘管同學們對他的態度並沒有改變，但宗旭說自己身上已經發生了很大的變化。我要宗旭接受並安慰從國中到現在一直為人際關係所苦的自己，同時還要告訴自己，不善於建立關係絕對不是自己的錯。

這個世界不會輕易放過我們，根據你怎麼回應發生在自己身上的無數狀況，可能會在你的自尊心上劃出一道傷口，也可能可以守護你的自尊心。我祈禱宗旭能夠將現在的辛苦狀況當作自己的踏腳石，而不是絆腳石。

有首歌的歌詞是這樣的：「過去的事情就這麼過去，這些都有它的意義吧。」發生在我們身上的創傷及事件，都有著要傳達給我們的訊息，從中找到意義，正是不需花一毛錢就能幫助自己成長的方法。

讓雙方心意相通的四種感性詞語

對不起

廷艾的父親在她十九歲那年離開人世。廷艾自小就沒有和父親同住，所以和父親不太親近，可是在父親辭世前一起同住的那段時光一直留在她的心裡。當時廷艾高三，正值多愁善感的年紀，家中向來只有母親、妹妹和自己幾個女性同住，多住進一個男人讓廷艾感到十分不便與討厭，久違地和父親見面也只有滿滿的尷尬，因此廷艾常不自覺地對父親發脾氣，每當這種時候，父親都會不知如何是好，只能不發一語地回到房間。

某一天，父親想要安慰一下辛苦的廷艾，但當時大考在即，廷艾對一切都倍感壓力，她在當下就像被什麼髒東西碰到身體一樣胡亂扭動，大喊著要父親走開，而那就是父親最後的模樣。父親在留給廷艾的最後一封信中寫道：「女兒，不是妳的錯，是爸對不起妳。」

比起喪父之痛，沒能好好對待父親這件事更令我傷心得快瘋了。我一直都在責怪父親往生那陣子的自己，雖然和父親不親，也沒留下很多回憶，不過隨著年齡增長，我開始覺得，父親一定也希望我能好好生活，所以我開始努力讓自己過得更好。偶爾感到疲憊的時候，我會想起父親輕拍我的那天，父親的那句「對不起」喚醒了我的慚愧。如果創傷自始至終都只是創傷，我認為那就不是創傷了，有創傷的話，我衷心希望它能趕快長出新肉並痊癒。

明知自己有錯，「對不起」三個字卻怎麼也說不出口是常有的事。明明說了也不會怎樣，這到底有什麼困難的呢？尤其如果是由居上位者對下位者說「對不起」，會讓這句話更別具意義，乙方對甲方道歉和甲方對乙方道歉兩者是有差別的，上司對下屬說：「是我失誤了，真抱歉。」並不是丟臉或傷自尊的事，而是贏得信賴的過程。

來自父母的道歉也是一樣的。我為讀書姿勢不端正的兒子買了高價的書桌椅，當作他升上小學的禮物，但是看到他在那張椅子上還是坐得歪七扭八時，我忍不住厲聲斥責，可是那椅子明明也不是兒子拜託我買給他的，思及這點讓我感到既羞愧又無地自容。「對不起，爸爸剛才生氣了，是爸爸不對。」當晚我躺在兒子的床邊，向他道了歉。

那天我鼓起了很大的勇氣，才有辦法向兒子道歉。當子女接收到父母的道歉時，會有種某部分人格個體獲得尊重的感覺，對父母的信賴度也會因此增長，「對不起」這三個字是愛與信賴的表現。

呼喚對方的名字

在母親住院後的某一天，醫院表示他們觀察到母親有腦瘤，必須進行開顱手術。我們全家都受到了強烈衝擊，父親想知道手術的危險性有多高，二姐在打聽是否有其他的方法，而母親本人則是詢問了手術費用。「請到外面等候，我會再詳細說明。」醫生這樣回答，我們想繼續問其他問題，醫生仍不留情面地說：「請先出去。」

數年間持續到神經內科報到，也曾詢問過醫生需不需要拍電腦斷層掃描，當時得到的回答是不需要，一直到現在才拍電腦斷層掃描，結果竟然發現了腦瘤，而等了超過一個月才見到面的醫生，僅僅說明了一分鐘就把我們請出去。我們家失去了對這家醫院的信任，於是去找了其他醫院，正好也找到了可以替母親進行手術的醫生。那位醫生不稱呼母親為「病人」而是稱她為「媽媽」，而且問診時總是會緊握母親的手，看著她的眼睛說話，母親也因此敞開了心門。有時比起實力，更重要的是為人著想的心。

羅賓・威廉斯主演的電影《心靈點滴》是一部描述以小丑裝扮為病人看診的醫生的故事。主角派奇・亞當斯曾說：「只要不是需要手術的情況，情況尚可的病患用『愛』就會痊癒。」

醫生與患者的理想關係應該要像是朋友，醫生要為患者做的事情不是治療，而是照顧。若患者因為身處痛苦之中而去找醫生，那麼基於人與人的相處之道，醫生該做的事是理解、安撫病患的痛楚，並思考該怎麼做才能減輕他的痛苦。

珉庭在首爾就業，自然而然地就和父母分開兩地居住。生活忙碌到連一週一通電話都會猶豫要不要打，「爸媽只有我一個女兒，連可以呼喚自己『爸爸』、『媽媽』的女兒都不在身邊，該有多寂寞啊。」這個念頭總使珉庭心懷歉疚。如果說有什麼是一想到就會讓人掉淚的詞彙，那對珉庭來說就是「爸爸」和「媽媽」。珉庭說她一年只會在休假、農曆新年、中秋三個時期回到家鄉，每次回去的時候，感受到父母不捨的情緒都會讓她心痛不已。

某天，珉庭在我的提議下試著改以名字稱呼父母，而不叫他們「爸爸」、「媽媽」，她在家庭聊天群組中實踐了這個做法，首先有反應的人是父親，父親愉快地聊到和母親談戀愛時都會叫她「叮珠」，珉庭也很開心能聽到這段往事。珉庭跟我約好，下次回家會和兩老面對面，親口呼喚他們的名字。

大韓民國的所有父親與母親，他們的名字都跑到哪去了呢？試著將手機通訊錄中的「爸爸」、「媽媽」改成以名字來儲存如何？我在手機裡存的是「我永遠的精神導師金哲東」、「我永遠的愛朴貞禮」。我們必須時常呼喚對方的名字，在職場上也應該以名字來取代「金代理」、「朴科長」等職稱才對，因為呼喚對方的名字正是提升自尊感的第一顆釦子。

我相信你

公司成員需要交出成果，學生則需要交出成績。應該要怎麼稱讚做出一番成果的職員呢？「金代理，這次的事情做得很好，你是最棒的。」這樣稱讚好嗎？這樣雖然也不錯，但卻有個需要留心的細節，那就是「你是最棒的」這句話。在達到一定成果時被說是最棒的，就會產生下次必須做得比這次更好的壓力，在無法達到理想成果時，就可能會認為「我果然不是最棒的」而責怪自己。

「金代理，你一週內見了兩倍的顧客，成果提升了百分之百，辛苦了。」那麼這樣的讚美如何呢？以數字來肯定達到的成果，這麼做有助於提高自尊感。

再來看看另一種稱讚：「金代理，我相信你。」這是比第二種更能培養自尊感的讚揚方式。

「金代理，有你在我們部門讓我感覺很踏實。」這種模式的稱讚，有助於培養出學者們所探討的自尊感。

最後一種稱讚方式有何不同呢？最後一種說法指出了「你在我們公司是有價值且受到認可的存在」，並針對這一點加以稱讚。當職員了解到自己的存在對公司組織而言有其必要性與價值，就會提升他熱愛公司的心情。

在家庭中也是同理。假如家中有正在就學的子女，可以嘗試這樣對孩子說：「沒考好也沒關係，畢竟你有努力用功過了啊，我很開心有你當爸爸媽媽的兒子。」當自己的存在得到認可，自尊感就會隨之增長。

笑一個吧

昌碩分享了一個自己因便利商店店長而了解到笑容有多珍貴的故事。

在上班路上的公車站前有間便利商店，店裡有位年約四十歲出頭的女性，她總是帶著開朗的表情向人打招呼。我平常也會說個「你好」來打招呼，但她卻有點不同。當我猶豫要買什麼東西時，她會提供我推薦清單，若新推出的商品是好吃的，她也會告訴我，在我手機螢幕裂掉時還會替我擔心。現在我喜歡什麼樣的零食、怎麼解酒，她都知道，所以我們之間還會出現「看來你昨天喝很多喔？」這類型的對話。因為她總是以微笑和親切的態度對待我，使得我也會特意去光顧那家便利商店。

「說出去的話好聽，回來的話才會好聽。」如同這句話所說的，展現給他人美好的笑容，那我們也會收到美好的微笑。搭乘公寓電梯時，會發現有的人經常會主動打招呼，也有人不這麼做，我自己也是比起主動問候，更常遇到對方先打招呼的情況。打招呼會使對方的心情變好，自己的心情也會先開心起來，可惜我們仍然疏於打招呼與微笑。

身為國際知名精神科學者同時也是憂鬱症專家的艾力克斯・柯布在著作《一次一點，反轉憂鬱》中要大家放鬆臉部緊張的肌肉並揚起兩側嘴角，如此一來便能提高感知到他人正面情緒的可能性，自己的心情也會變好，據說就算只是露出短暫的微笑，效果也可能持續好幾分鐘。

被「人」傷害，以「人」治癒

討厭爸爸

錫振曾討厭父親到想殺死對方的程度。錫振兒時家境困難，成長過程中他輾轉待過母親那邊的親戚、父親那邊的親戚、父親朋友、母親朋友等人的住處。升上小學後他開始和父母同住，他住過鐵道旁的木板屋、倉庫般的地下室，甚至還在鍋爐室生活過。

錫振起初對於能和父母一起生活感到很開心，然而隨著生活日益困苦，父親越常依賴酒精、對家人動手，要是母親出面阻止父親毆打錫振，被毆打的對象就會換成母親。

錫振曾懷著痛苦的心情擬定了自殺計畫，不過忽然之間他想到：「我為什麼要死？爸爸死不就好了嗎？」接著他下定決心無論如何都要活著，儘管母親成日以淚洗面，但是錫辰不哭，也不求饒。

那時的學校生活可說是一團糟，錫振說他在學校反抗老師，就算被老師打到木棍都斷了，他的表情仍然沒有絲毫變化，還是一副不痛不癢的樣子回到座位翻閱漫畫書。內心的痛苦已經巨大到讓錫振感覺不到身體的痛楚了。某天母親流著淚對錫振說她想看到兒子的笑容，可是因為受傷而關上的心門並沒有因此打開。

曾經是這樣的錫振如今成了一位善於社交而且愛笑的人。錫振說，如果要問他的人生轉捩點是什麼，那第一個就是「愛情」，第二個則是「軍隊」。

女友看透了我的心，那種感覺就像是沒穿衣服一樣赤裸。女友打開了我緊閉的心，並且包容接納了我最原本的模樣，而軍隊則讓我學到了很多事，像是摺毯子和衣服的方法、處理垃圾的方式、隨身帶著筆和小冊子的習慣，以及相信自己做得到的自信感和耐力。每當感到疲憊的時候我都會想喝酒，但當時沒辦法喝，後來我才突然浮現了「原來我正在依賴酒精」這樣的想法。我心想，父親是家長，也是家裡的支柱，所以肯定無法對母親哭訴或抱怨什麼，在家境困苦的情況下，自尊心很強的父親想必沒有半個可以依靠的對象，會不會就是因為這樣他才會選擇依賴酒精呢？父親的行為很顯然是錯誤的，雖然我現在跟父親的關係還是不太好，不過我開始會思考，或許父親身上也有什麼創傷。我認為人是為了追求幸福和變幸福而活的，憎惡和復仇的心態奪走的不是其他人的幸福，而是自己的。我想變幸福。

孫悟空、沙悟淨、豬八戒為了取經而在十四年間歷經八十一難，他們之所以完成這麼長的旅程，就是因為有一百零八個妖怪。錫振不再思考復仇，而是將憎惡和復仇心態化為幸福的原動力，讓我們為這樣的錫振應援打氣。

人之所以不該判斷人的原因

一想到真聖，我現在仍然會感到心疼至極。真聖說他在讀了我的書之後產生了一些煩惱，在我第一次和他見面那天，諮商結束後我說要幫他簽名，他卻告訴我他沒有書，因為沒錢的關係，他是坐在書店的角落把書看完的。

在那之後，我持續地跟真聖見面。真聖對關係感到恐懼，儘管他很努力想擺脫那種感覺，但其實我還是很常因為他而感到困頓，有時也會因為他覺得鬱悶，也曾對他究竟為何會做出令人難以理解的發言和行為感到詫異。後來，在真聖勉為其難說出的故事中，我終於了解他種種行為的理由。

我總覺得自己是個異鄉人。大阿姨代替生病的母親養大我，但我當時並沒有「我們是真正的一家人」的感覺。我向來過著孤獨、孤立的生活，直到七歲時，我第一次見到母親，但滿懷期待見到的母親卻是有氣無力的憔悴模樣，即使是白天母親也一直在睡覺，心想不能打擾到母親的睡眠，陪在沉睡的母親身邊時我都是吃麵包或火腿腸果腹的，時隔許久才見到母親，光是能夠見到她這件事就足以讓我感到開心，然而我卻沒能和母親相伴太久，母親將哭鬧著請求她別走的我託付給外婆後便離開了人世。

或許就是因為這樣嗎？「關係」兩個字對我而言是個陌生的詞彙，我老是一個人，沒有可以和我聊天的人，也沒人願意聽我說話。無從獲得對話、提問、學習的機會，我先學會了跟自己玩的方法，那時我十三歲，事業成功的父親也終於在此時來帶我回家了。

起初的六個月過得很開心，一切都很新鮮，心中被好不容易有家人的喜悅充斥著。不過帶給我短暫幸福的只是物質上的富裕而已，離真正的愛很遙遠。一年後，父親的生意失敗，隨著依賴酒精的情況加劇，他開始對我使用暴力，被鐵管和拳頭毒打的生活日復一日，我被睽違十年才見到面的父親打得肋骨裂開、腦袋開花，沒有任何人照顧我，我只能自己扶著肋骨去醫院。我每天都在祈禱那天能平安無事地度過。

我沒有好好學到什麼是愛，這一點也反映在我的關係中。我總是築起防禦網，忙著掩飾自己內心的黑暗，我開始在幻想泡泡裡談戀愛，要是對方偏離我的標準，我就會感到受傷、失望且不安。一直以來我所經歷的都只是幻想，而不是愛情。希望講師你不會輕易地說出要我體諒父母這種話。現在我想要和能互相充實彼此、能分享真正的愛的人相遇。

事後回想，我之所以無法理解真聖，是因為我一直都只站在自己的立場看他，所以每當想起真聖時，心中的慚愧感總會不禁油然而生。

沒有人能百分之百理解另一個人，所以我們不需要而且也無法無條件地去體諒對方，我們必須明白，無論是出於何種理由，任何人都沒有任意批判或責難他人的資格，因為每個人都有屬於他們自己的故事。

以肯定和寬恕治癒

所謂的人生，就是意識到、肯定並修正自己面臨的狀況與問題的過程。冷靜下來回顧自己的人生，會發現比起表現好的狀況，更常出現的是表現不好的狀況、沒能全力以赴的狀況，以及為了配合別人的心情而失去自我的模樣。

> 所謂的肯定，指的是自己對於自己人生的反應。
> 想要得到對方的肯定，等於是將自己的選擇權交到對方手上。
> 自己肯定自己，意味著自己對自己的選擇負責。
> 我要在身處的環境之中成為自己的主角。

可能會覺得辛苦，可能會感到孤獨，但是我們都必須以自己的想法、發言和行動來過活，因為自己的人生沒有人能代替你過，所以必須自己好好過生活才行。

所謂的寬恕不是指放過對我犯錯的人，也不是默許錯誤或背棄法定義務，寬恕是讓自己從那個人的錯誤中獲得解脫。

史丹佛大學教授弗雷德利・拉斯金（Fred Luskin）曾在KSB紀錄片《心》中表示：「寬恕存在於內心，而和解存在於關係之中。」拉斯金教授指出，假如配偶在夫妻關係中發生外遇，即使接受配偶回到家庭，但仍對配偶感到憤怒的話，那麼這就是已和解但未寬恕的狀態。反之，已寬恕配偶但卻沒有繼續維持婚姻生活，選擇祝福對方並作回朋友的情形，則屬於不和解但已寬恕的狀態。寬恕是為了「自己」，和解則是為了「關係」。

與許多受傷的人進行諮商，我經常會在過程中感受到自己的極限，我能做的只有安慰與傾聽，其中我一定對他們說的話是：「雖然如此，但因為你是你，所以很珍貴。」

和無數人對談，傾聽無數人的煩惱，總會讓我想起我的父母。小時候的我總有滿肚子的不滿，耍賴哭鬧也沒少過，家中有五個兄弟姐妹，兄弟間的競爭心態強烈，也常起爭執。父親應該是很疲憊的，但還是為了我們默默工作，母親也為了照顧五個孩子吃苦受累，全身都留下苦痛的痕跡，可是就算活得這麼辛苦，父母在我們面前始終展現強大且正向的一面。如果我是那個時期的父親或母親的話會怎麼辦？一想就感到卑微，無地自容。

因此我想將自己從父母身上得到的愛分享出去，就算只有一點也好，也期盼能為所有因創傷所苦的人帶來幫助，就是基於這樣的心情，我才開始提筆書寫的。我們都共同生活在這個時代，即使只有一丁點也好，希望我們的故事能帶來力量，也帶來安慰與支持。

世界上沒有問題兒童，只是心中有創傷而已。

因為你是你，所以珍貴，你是值得充分被愛的人。

後記

支持，安慰

「帶著親手包的海苔飯捲跟爸爸一起去草地野餐。」

「我要回老家開一家小小的漫畫出租店。」

「我要去兒子服役的軍隊表演。」

受刑人們的夢想聽起來都一樣樸實簡單。

「因為在監獄所以感到幸福。」某位受刑人說了令人難以理解的話。

「我因為在這裡而覺得很幸福。原因有三個。首先是健康，我在外面的時候只想著拚命賺錢，一年內總有一兩次因為昏倒而送醫，不過來到這裡已經邁入第三年了，我卻一次都沒有昏倒過，我因為了解到健康的重要性而感到幸福；第二，是因為我有每次會面時間都如期而至的家人，這令我感到幸福；最後，是因為有願意傾聽我的朋友而感到幸福。」

對一個人來說理所當然的事，可能是另一個人的寶貴夢想。

對我來說不必要的東西，可能是某人正迫切需要的。

環境的好壞是否真的有標準？

我們還要配合這世界的判斷標準到什麼時候？

現在可以不用再繼續受苦了嗎？

因為自己受到傷害，所以對方也要受到傷害才行，這麼做的理由是什麼？

如果我想要隱藏的故事能成為某人的希望、支持與勇氣，創傷就將不再只是創傷。

越懂得理解越能傾聽，經歷越多就能擁抱更多東西。

我的工作是和人見面，傾聽對方的故事。

他們想說的話有很多，需要願意傾聽的人。

巨大的創傷，扎心的自卑感，所剩無幾的自尊感。

將社會的評判當成標準，
為了得到讚美而關懷他人，
看著其他人的眼色跟著笑，
隱藏起傷口，告訴大家自己過得很好。
我在他們之間尋找自己存在的理由，
他們的故事讓我反觀自我，
他們的傷口讓我知道自己該做的事是什麼。
他們的自卑感就是我的自卑感，
他們的自尊感就是我的自尊感。
有時比起邏輯嚴謹分明的理論，
某個人的故事才是我在尋找的正確解答。
比起跟隨周遭的建議，依照被牽引的力量所走出來的路，
或許才是屬於我的道路。

當了解到將「我很累」說出口並不丟臉的時候，
我們會獲得勇氣；
當知道有某個人會帶著溫暖的眼神傾聽自己的故事時，
我們會看見希望。
我想要讓你知道，
你所走的路不是你的錯，
你所受的傷不是你的錯，
你的情緒有時候也可能不是你自己的。
你是任何人都無法取代的可貴存在，
你是七十億人口中唯一一個你，
我想讓你知道，
比較對象並不存在。

人生是一趟發掘自己天賦的旅程，
就算累得倒下了，就算被石頭絆倒了，
我們都可以找到必須從那裡站起來的理由。
苦難會向我們傳達訊息，
因此我期盼你能懷抱希望，
給自己擁抱，給自己安慰，給自己支持。
不管誰說什麼，
你因為是你，所以珍貴。

國家圖書館出版品預行編目資料

為什麼只有我要正直善良？：致為了當好人而心累的你 / 金承煥 著 -- 初版. -- 臺北市：平安文化, 2021.7 面 ;公分. -- (平安叢書；第688種)(UPWARD；118)

譯自 :왜 나만 착하게 살아야 해
ISBN 978-986-5596-25-5(平裝)

192.1　　110009560

平安叢書第0688種
UPWARD 118

為什麼只有我要正直善良？

致為了當好人而心累的你

作　　者—金承煥
譯　　者—楊琬茹
發 行 人—平　雲
出版發行—平安文化有限公司
台北市敦化北路120巷50號
電話◎02-27168888
郵撥帳號◎18420815號
皇冠出版社(香港)有限公司
香港銅鑼灣道180號百樂商業中心
19字樓1903室
電話◎2529-1778　傳真◎2527-0904
總 編 輯—龔橞甄
責任編輯—平　靜
美術設計—葉馥儀、李偉涵
著作完成日期—2020年
初版一刷日期—2021年7月

法律顧問—王惠光律師

讀者服務傳真專線◎02-27150507
電腦編號◎425118
ISBN◎978-986-5596-25-5
Printed in Taiwan
本書定價◎新台幣340元/港幣113元